PLUSPUNKT
DEUTSCH
Leben in Deutschland

ARBEITSBUCH TEILBAND 2

A2.2

LÖSUNGEN

Cornelsen

Lösungen

8 Neue Chancen

1

1 suchen/bekommen – **2** beraten –
3 am Computer recherchieren –
4 suchen/bekommen – **5** fragen/suchen

2

1 uns, mich – **2** dich, sich – **3** dich, mich, sich

3a

2 Das Gespräch findet bei der Bundesagentur für
Arbeit statt.

3b

1 B – **2** A – **3** E – **4** D – **5** C

4

1 um, über, für – **2** mit – **3** an – **4** über – **5** an, von

5

1 Das Kind freut sich über das Geschenk.
2 Die Männer ärgern sich über das Fußballspiel.
3 Der Mann wartet auf seine Freundin.
4 Die Frau träumt vom Urlaub.

6

1 über, auf – **2** auf, auf – **3** auf, über/auf

7

2 Ich finde den Kurs *Existenz gründen* interessant,
weil ich ein eigenes Geschäft eröffnen möchte.
3 Ich finde den Kurs *MS Office für Anfänger* interessant, weil ich mehr über Computerprogramme
lernen möchte.
4 Ich finde den Kurs *Schreiben lernen* interessant,
weil ich jeden Tag viele E-Mails schreibe.
5 Das Gespräch mit dem Arbeitsberater war gut,
weil er mich gut beraten hat.
6 Ich finde den Grundkurs *Heimwerken* gut, weil ich
meine Wohnung renovieren möchte.

8a

1 Herr Mazur arbeitet als Taxifahrer.
2 Frau Shobana arbeitet als Hausfrau.
3 Herr Dovic arbeitet als Kellner.
4 Frau Miller arbeitet als Aushilfe.

8b

1 B – **2** F – **3** C – **4** A – **5** D – **6** E

9

1 Frau Su arbeitet am Montag nicht, damit sie für
ihren Besuch kochen kann.
2 Sie ruft ihren Mann an, damit er noch Salz
mitbringt.
3 Herr Su arbeitet am Dienstag nur bis 15 Uhr, damit er seine Tochter zum Nähkurs bringen kann.

4 Frau Su geht zum Elternabend, damit sie die
Lehrer kennenlernt.
5 Herr Su bleibt zu Hause, damit die Kinder nicht
allein sind.
6 Familie Su fährt nach Bonn, damit sie Freunde
besuchen kann.

10

1 Sie macht einen Sportkurs, damit sie fit bleibt.
2 Er sieht deutsches Fernsehen, damit er schneller
Deutsch lernt.
3 Ich kaufe meinem Sohn einen Computer, damit er
programmieren lernen kann.
4 Sie machen eine Fortbildung, damit sie bessere
Berufschancen haben.
5 Er macht den Führerschein, damit er mit dem
Auto zur Arbeit fahren kann.
6 Wir schreiben alle Wörter ins Heft, damit wir sie
nicht vergessen.

11a

1 damit, weil – **2** weil, damit – **3** weil, damit

11b

2 Warum kocht sie? – Weil sie Gäste zum Abendessen eingeladen hat. Wozu kocht sie? – Damit die
Gäste ein schönes Abendessen bekommen.
3 Warum bietet die VHS Deutschkurse an? – Weil
viele Leute Deutsch lernen wollen. Wozu bietet
die VHS Deutschkurse an? – Damit viele Leute
Deutsch lernen können.

12

1 Frau Marx braucht ein Auto, weil sie am Wochenende viel einkauft.
2 Die Polizisten kontrollieren den Verkehr, damit es
keine Unfälle gibt.
Die Polizisten kontrollieren den Verkehr, weil am
Wochenende viele Leute mit dem Auto fahren.
3 Er hat eine Monatskarte für den Zug, damit er
schnell in die Stadt kommt.
Er hat eine Monatskarte für den Zug, weil er keinen Führerschein hat.
4 Paulina will das Abitur machen, damit sie Medizin
studieren kann.
Paulina will das Abitur machen, weil sie Medizin
studieren will.

13

1 zur VHS gehen – **2** sagen, dass sie an dem
Kochkurs teilnehmen will – **3** ist – **4** beginnt –
5 den Kurs machen

PLUSPUNKT DEUTSCH
Leben in Deutschland

ARBEITSBUCH TEILBAND 2

A2.2

Jin | Schote

Zusatzmaterialien online verfügbar unter
go.cornelsen.de
Code: fuxipi

Symbole

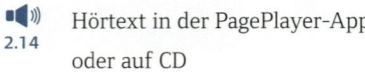

Hörtext in der PagePlayer-App
oder auf CD

Portfolio

Pluspunkt Deutsch A2.2
Leben in Deutschland

Arbeitsbuch, Teilband 2

Im Auftrag des Verlags erarbeitet von Friederike Jin und Joachim Schote

Redaktion: Dieter Maenner und Laura Nielsen
Gertrud Deutz (Redaktionsleitung)
Redaktionelle Mitarbeit: Susanne Höhne
Bildredaktion: Katharina Hoppe-Brill, Marie Matern und Laura Nielsen
Illustrationen: Christoph Grundmann
Umschlaggestaltung, Layout und technische Umsetzung: finedesign Büro für Gestaltung, Berlin
Basierend auf Pluspunkt Deutsch von: Friederike Jin, Jutta Neumann, Joachim Schote

www.cornelsen.de

Die Webseiten Dritter, deren Internetadressen in diesem Lehrwerk angegeben sind,
wurden vor Drucklegung sorgfältig geprüft. Der Verlag übernimmt keine Gewähr für
die Aktualität und den Inhalt dieser Seiten oder solcher, die mit ihnen verlinkt sind.

Soweit in diesem Buch Personen fotografisch abgebildet sind und ihnen von der Redaktion Namen,
Berufe, Dialoge und Ähnliches zugeordnet oder diese Personen in bestimmten Situationen darge-
stellt werden, sind diese Zuordnungen und Darstellungen fiktiv und dienen ausschließlich
der Veranschaulichung und dem besseren Verständnis des Buchinhalts.

2. Auflage, 4. Druck 2025

Alle Drucke dieser Auflage sind inhaltlich unverändert und können im Unterricht nebeneinander
verwendet werden.

© 2016 Cornelsen Schulverlage GmbH, Berlin
© 2023 Cornelsen Verlag GmbH, Mecklenburgische Str. 53, 14197 Berlin,
E-Mail: service@cornelsen.de

Druck: Livonia Print, Riga

ISBN: 978-3-06-120577-5

PEFC zertifiziert
Dieses Produkt stammt aus nachhaltig
bewirtschafteten Wäldern und kontrollierten
Quellen.

PEFC

PEFC/12-31-006   www.pefc.de

15

Beispiel:

- Guten Tag, mein Name ist …Ich möchte mich für den Kurs *Deutsch für den Beruf* anmelden.
- Sie können sich am Montag oder am Donnerstag anmelden. Wann möchten Sie sich anmelden?
- Ich möchte mich am Montag anmelden. Wo kann ich mich anmelden?
- Sie können sich im Internet oder im Büro anmelden.
- Wie ist die Adresse vom Büro?
- Das Büro ist in der Yorkstraße 135.
- Entschuldigung, können Sie das bitte buchstabieren?
- Gern. Y-O-R-K-S-T-R-A-ß-E 135.
- Vielen Dank. Auf Wiederhören.

16a

Montag, 3. Mai, 19.30 Uhr: „Excel für Anfänger"
Dienstag, 11. Mai, 17.30 Uhr: Tanzkurs „Wiener Walzer"
Donnerstag, 13. Mai, 9.00 Uhr: Deutschkurs B2

16b

1 Falsch – **2** A

17a

1 Er möchte ein Geschäft eröffnen und macht einen Existenzgründerkurs.

2 Ich mache jetzt einen Nähkurs für Anfänger.

3 Im BiZ kann man Broschüren lesen und sich über Fördermöglichkeiten informieren.

4 Das Büro hat am Vormittag immer von 9.00 bis 11.00 Uhr geöffnet.

5 Er arbeitet als Taxifahrer. Er hat einen Führerschein und einen Personenbeförderungsschein.

17b

Sehr geehrte Damen und Herren,
ich interessiere mich für Ihren Existenzgründerkurs. Ich möchte mein eigenes Geschäft eröffnen. Können Sie mir mitteilen, wann die Termine sind und wie viel der Kurs kostet? Vielen Dank für Ihre Antwort.
Mit freundlichen Grüßen

18

1 Schach spielen – **2** Gitarre spielen – **3** Volleyball spielen – **4** fotografieren – **5** nähen – **6** Ski fahren

19a

Ulf Stein:	Garten, Apfelbäume – Werkzeug, Baumschere – Apfelsorten kennen, Bäume pflegen
Mario Fiore:	Trommeln – Trommeln, Drums – üben
Maja Anan:	Kartenspielen – drei Personen, Karten, Getränke – Spaß, verlieren können

19c

Beispiel:

Mein Hobby ist Fotografieren. Ich habe eine Digitalkamera. Sie war sehr teuer. Ich fotografiere gerne Menschen, die Natur, in der Stadt oder wenn ich eine Reise mache. Zu Hause schaue ich die Fotos auf dem Computer an. Ich wähle die besten Fotos aus. Manchmal mache ich auch ein Fotobuch.

Wichtige Wörter

1a

träumen von – warten auf – sich freuen auf / sich freuen über – sprechen über – denken an – sich interessieren für – sich bewerben um – teilnehmen an – sich informieren über – sich ärgern über

1b

Beispiel:

telefonieren mit:	Ich telefoniere mit meiner Mutter.
träumen von:	Er träumt vom Urlaub.
warten auf:	Sie warten auf den Zug.
sich freuen über:	Ich freue mich über mein Fahrrad.
sich freuen auf:	Ich freue mich auf meinen Urlaub im nächsten Monat.
sprechen über:	Wir sprechen über Probleme.
denken an:	Ich denke an dich.
sich interessieren für:	Sie interessiert sich für Politik.
sich bewerben um:	Viele Leute bewerben sich um die Stelle.
teilnehmen an:	Ich nehme an einem Computerkurs teil.
sich informieren über:	Er informiert sich über die Kursangebote.
sich ärgern über:	Sie ärgert sich über die laute Musik.

2

1 Fortbildung – **2** Anfänger – **3** Förderung – **4** Online-Anmeldung – **5** Voraussetzung – **6** Fortgeschrittene – **7** Kursangebot – **8** Arbeitsmarkt – **9** Existenzgründerkurs

4

3 der Gitarrenkurs – **4** der Nähkurs – **8** der Heimwerkerkurs – **9** der Erste-Hilfe-Kurs – **11** der Computerkurs – **12** der Kochkurs – **16** der Tanzkurs

Lösungen

6a

Beispiel:

	Mario:	Carla:	Jack:	Michaela:
Kurse?	Gitarren-kurs	Yoga-Kurs	Kochkurs	Malkurs
Warum?	Er möchte mehr über Musik lernen. Sein Sohn lernt auch Gitarre.	Ihr Beruf ist sehr anstrengend. Sie möchte sich gut fühlen.	Er ist nicht zufrieden. Er möchte neue Ideen bekommen.	Dann kann sie gut nachdenken, sich entspannen, sie hat dann Ruhe und Zeit.

6b

Mario macht den Kurs, damit er mehr über Musik lernt und mit seinem Sohn Gitarre spielen kann. – Jack macht den Kurs, weil er neue Ideen bekommen möchte. – Michaela besucht den Kurs, damit sie nachdenken kann. – Carla macht den Kurs, damit sie sich gut fühlt und sich entspannt.

7

Beispiel:

Ich möchte einen Fotografie-Kurs machen, weil ich gerne fotografiere. Ich will einen Schwimmkurs machen, weil ich schwimmen lernen möchte. Ich möchte eine Stadtführung machen, damit ich die Stadt gut kenne. Ich will einen Erste-Hilfe-Kurs machen, damit ich bei einem Unfall helfen kann.

9 Gesund leben

1

Sport: sich bewegen – abnehmen – fit sein – die Muskeln trainieren – Gymnastik machen – joggen gehen – Fußball spielen

Beruf: zu Mittag essen – im Garten arbeiten – Stress haben – Kollegen im Café treffen – Sorgen haben – im Stau stehen – in der Kantine essen

Freizeit: sich entspannen – sich bewegen – im Garten arbeiten – gemütlich zusammensitzen – Gymnastik machen – Fußball spielen – sich mit Freunden unterhalten

Ernährung: zu Mittag essen – zunehmen – Stress haben – gemütlich zusammen sitzen – sich gesund ernähren – Kollegen im Café treffen – abnehmen – frühstücken – in der Kantine essen

2a

1 C – 2 A – 3 B – 4 D

2b

1 B – 2 E – 3 D – 4 A – 5 C

2c

Beispiel:

1 Ich entspanne mich gut, wenn ich Musik höre.
2 Ich ernähre mich gesund, aber manchmal esse ich auch Fastfood.
3 Ich bewege mich jeden Tag. Ich gehe zu Fuß zur Arbeit.
4 Ich mache jetzt Sport und habe zwei Kilo abgenommen.

3

Foto 1: eine neue Brille brauchen, eine Verletzung am Auge haben, meine Augen kontrollieren lassen

Foto 2: Zahnschmerzen haben, meine Zähne kontrollieren lassen

Foto 3: eine Impfung brauchen, Blut abnehmen lassen

Beispiel:

Wenn ich eine Impfung brauche, dann gehe ich zum Hausarzt.
Wenn ich eine neue Brille brauche, dann gehe ich zum Augenarzt.
Wenn ich Blut abnehmen lassen will, dann gehe ich zum Hausarzt.
Wenn ich Zahnschmerzen habe, dann gehe ich zum Zahnarzt.
Wenn ich eine Verletzung am Auge habe, dann gehe ich zum Augenarzt.
Wenn ich meine Zähne kontrollieren lassen will, dann gehe ich zum Zahnarzt.
Wenn ich meine Augen kontrollieren lassen will, dann gehe ich zum Augenarzt.

4

1 C – 2 B, C

5

1 Gesundheitskarte – 2 Krankschreibung – 3 Krankenkasse – 4 Bonusheft – 5 Überweisung

6

- Guten Tag, bitte nehmen Sie Platz.
- Guten Tag. Danke.
- Sie kommen für den Gesundheits-Check. Haben Sie gesundheitliche Beschwerden?
- Nein, ich habe keine Probleme, ich möchte nur einmal alles kontrollieren lassen.
- Gut, das ist vernünftig. Bewegen Sie sich regelmäßig?
- Es geht, ich fahre manchmal Fahrrad, aber ich habe nicht so viel Zeit.
- Die Ergebnisse von der Laboruntersuchung sind in Ordnung: Die Blutwerte und Cholesterinwerte sind normal. Haben Sie Ihren Impfpass dabei?
- Ja, hier bitte.
- Gut, die Impfungen sind fast komplett. Wir müssen nur noch einmal gegen Tetanus impfen. Bitte lassen Sie sich einen Termin geben.
- Ich habe die Impfung doch schon beim letzten Mal bekommen.
- Nein, das war die Impfung gegen Tuberkulose, jetzt müssen wir Sie noch gegen Tetanus impfen.
- Ach ja. Dann lasse ich mir einen Termin geben. Vielen Dank.

7a

1 die – **2** der – **3** der – **4** die – **5** die – **6** die – **7** die – **8** die

7b

Arzthelferin – Blutdruck – Gesundheits-Check – Laboruntersuchung – Vorsorgeuntersuchung – Blutwerte – Cholesterinwerte – Gesundheitsuntersuchung

8

1 R – **2** F – **3** R – **4** R – **5** F – **6** F

9

1 C – **2** D – **3** A – **4** B – **5** E

11a

1 A – **2** A, C, D

11b

2 Frau Schneider sollte einen Verband in ihrer Hausapotheke haben.

3 Frau Schneider sollte Pflaster in ihrer Hausapotheke haben.

4 Frau Schneider sollte ein Fieberthermometer in ihrer Hausapotheke haben.

5 Frau Schneider sollte Salbe in ihrer Hausapotheke haben.

12

Beispiel:

Frühstück	Mittagessen	Abendessen
Milchprodukte: die Milch, der Joghurt, der Käse, der Quark *Backwaren*: das Brot, das Brötchen	*Fisch*: der Lachs, der Thunfisch *Fleisch*: das Schnitzel, das Schweinefleisch	*Obst*: Äpfel, Bananen, Birnen *Gemüse*: Kartoffeln, Tomaten, Erbsen

Beispiel:

Zum Frühstück esse ich viele Milchprodukte. Ich esse oft Brötchen mit Käse und trinke ein Glas Saft. Zum Mittagessen esse ich gern Fleisch mit Kartoffeln und Gemüse. Aber Tomaten mag ich nicht so gern. Zum Abendessen esse ich manchmal Brot mit Butter und Wurst. Manchmal esse ich Obst. Süßigkeiten esse ich immer, aber Gummibärchen mag ich nicht.

13a

1 Vegetarier – **2** Veganer – **3** Milchprodukte – **4** verzichtet – **5** Nahrungsmittel – **6** etwas ablehnen

13b

lehne … ab – verzichte – Nahrungsmittel – Milchprodukte – Vegetarier – Veganer

14a

A **Frau Nerval:** Eine Tasse Kaffee am Morgen ist wichtig. – Der Körper braucht Vitamine.

B **Herr Bruckstätter:** Bewegung ist wichtig für die Gesundheit. – Das Essen sollte nicht zu fett sein.

C **Frau Mangelsdorff:** Das Leben in der Stadt ist hektisch. - Die Luft ist gesund.

14b

1 Frau Nerval sagt, dass eine Tasse Kaffee am Morgen wichtig ist.

2 Frau Nerval sagt, dass der Körper Vitamine braucht.

3 Herr Bruckstätter sagt, dass das Essen nicht zu fett sein sollte.

4 Herr Bruckstätter sagt, dass Bewegung wichtig ist.

5 Frau Mangelsdorff sagt, dass das Leben in der Stadt hektisch ist.

6 Frau Mangelsdorff sagt, dass die Luft gesund ist.

15a

habe – Fieber – beim – hat – Tage – Hausaufgaben – hilft – entschuldigen – Ich – am – den – viele

Lösungen

15b

Beispiel:

Lieber Herr Neumann,   Frankfurt, den 17.08.2016

seit gestern habe ich eine Erkältung und heute habe ich auch noch Fieber bekommen. Ich war beim Arzt und er hat mich für eine Woche krankgeschrieben. Ich frage Serap Yildirim, welche Hausaufgaben wir machen sollen. Serap hilft mir bestimmt. Bitte entschuldigen Sie mein Fehlen. Ich hoffe, dass ich am Dienstag wieder in den Kurs kommen kann.
Viele Grüße
Luis Alves

16a

links: Spinat – Petersilie - Paniermehl
rechts: Zwiebel – Ei - Hackfleisch

16b

3 Maultaschen machen – **5** Maultaschen essen – **4** Maultaschen variieren – **2** Die Füllung machen

Wichtige Wörter

1

1 E – **2** A – **3** F – **4** D – **5** C – **6** B

2a

1 impfen – **2** nehmen/verschreiben – **3** nehmen/verschreiben – **4** geben – **5** bezahlen – **6** untersuchen – **7** abnehmen – **8** messen – **9** haben – **10** messen

2b

Beispiel:

  2 Der Apotheker sagt, dass ich Halstabletten nehmen soll.
  3 Der Arzt verschreibt ihr ein Medikament.
  4 Die Ärztin gibt dem Kind eine Spritze.
  5 Beim Arzt muss ich eine Gebühr zahlen.

6 Der Augenarzt untersucht meine Augen.
7 Die Arzthelferin nimmt mir Blut ab.
8 Ich messe jeden Tag meinen Blutdruck.
9 Die Apothekerin sagt, dass die Tabletten Nebenwirkungen haben.
10 Die Ärztin misst Fieber.

3

1 die Nasentropfen – **2** das Fieberthermometer – **3** die Brandsalbe – **4** das Schmerzmittel

5

1 der Kinderarzt – **2** der Hausarzt – **3** der Augenarzt – **4** die Zahnärztin – **5** der Ohrenarzt – **6** der Empfang – **11** die Gynäkologin

7a

der Kinderarzt:	eine Spritze geben
der Hausarzt:	den Blutdruck messen
der Augenarzt:	ein verletztes Auge untersuchen
die Zahnärztin:	bohren
der Ohrenarzt:	die Ohren untersuchen
die Internistin:	die Lunge abhören
der Psychotherapeut:	mit den Patienten über Probleme sprechen
der Radiologe:	ein Röntgenbild machen
die Orthopädin:	das Kniegelenk untersuchen
die Gynäkologin:	ein Gespräch über die Schwangerschaft führen
die Physiotherapeutin:	gymnastische Übungen machen
Empfang/Arzthelferin:	einen Termin machen

7b

Beispiel:

Der Zahnarzt kontrolliert die Zähne.
Die Arzthelferin verbindet eine Wunde.
Der Hausarzt gibt dem Patienten eine Spritze.

10 Arbeitssuche

1a

1 Initiativbewerbung – **2** Praktikum – **3** Zeitarbeitsfirma

1b

weil ich nicht genug Deutsch konnte – aber ich habe nichts gefunden – weil ich die Arbeit in vielen verschiedenen Firmen kennengelernt habe – dass ich in der Firma bleibe

2

Beispiel:

Ich bin Ingenieur. Ich habe einen Deutschkurs gemacht, weil mein Deutsch noch nicht so gut war. Dann habe ich in der Bundesagentur für Arbeit nach Stellen gesucht. Dort hat man mir sehr geholfen. Ich habe mich bei verschiedenen Firmen beworben. Bei einer Firma habe ich ein Praktikum gemacht. Jetzt arbeite ich in dieser Firma. Die Arbeit macht mir sehr viel Spaß und die Kollegen sind nett.

3a

1 B – **2** A – **3** C

3b

1 A – **2** C – **3** B

3c

1 F – **2** R – **3** R – **4** F – **5** F – **6** R

4

würdet – würden – würde – würdest – würde – würden – würden

5

2 Victor würde gern eine große Reise machen.
3 Victor würde gern eine Ausbildung machen.
4 Er würde gern die Führerscheinprüfung bestehen.
5 Er würde gern ein eigenes Auto kaufen.
6 Er würde gern eine Freundin finden.

6

1 Ich würde gern Fußball spielen.
2 Er würde gern einen Porsche kaufen.
3 Sie würden gern Fußball spielen.
4 Wir würden sehr gern in einer Großstadt wohnen.

7

Beispiel:

Ich würde gern sehr gut Deutsch können.
Ich würde gern viele Freunde in Deutschland haben.
Ich würde gern eine große Wohnung finden.

8

1 Darf ich fragen, wo Sie arbeiten?
2 Wissen Sie, wie lange die Ausbildung dauert?
3 Können Sie mir sagen, wie viel man verdienen kann?
4 Darf ich fragen, warum Sie diesen Beruf gewählt haben?

9

1 Darf ich fragen, ob Sie mit ihrer Arbeit zufrieden sind?
2 Können Sie mir sagen, ob die Bezahlung in dieser Firma gut ist?
3 Wissen Sie, ob es bei dieser Arbeit auch Schichtarbeit gibt?
4 Können Sie mir sagen, ob man eine feste Stelle bekommen kann?

10

Julia:

1 Ich weiß nicht, was ich am ersten Tag machen muss.
2 Ich weiß nicht, was ich anziehen soll.
3 Ich weiß nicht, ob die Arbeit schwer ist.
4 Ich weiß nicht, ob die Kollegen nett sind.

Patrick:

1 Ich bin nicht sicher, was ich nach der Schule machen soll.
2 Ich bin nicht sicher, ob ich einen handwerklichen Beruf lernen soll.
3 Ich weiß nicht, wie ich einen Ausbildungsplatz finden kann.
4 Ich bin nicht sicher, ob meine Noten gut genug sind.

11

1 Ben weiß nicht, ob sie bald ein Kind bekommen sollen.
2 Er weiß nicht, wo sie die Hochzeitsfeier machen wollen.
3 Ben ist nicht sicher, wie viele Leute sie zur Hochzeit einladen wollen.
4 Mia weiß nicht, ob ihre Eltern ihn sympathisch finden.
5 Sie ist nicht sicher, was für ein Kleid sie auf der Hochzeit tragen soll.
6 Mia weiß nicht, ob sie noch Zeit für ihre Hobbys hat.

12

1 dass, ob – **2** ob, dass – **3** dass, ob

13

● EHK-Transporte, am Apparat Yasin Gül. Guten Tag.
● Guten Tag, Jetan Haralan. Ich habe Ihre Anzeige gelesen. Sie suchen einen Fahrer. Ist die Stelle noch frei?
● Ja, sie ist noch frei.
● Sehr gut. Können Sie mir sagen, wie die Arbeitszeiten sind?
● Wir beginnen um 8 Uhr und arbeiten bis 17 Uhr. Mittags gibt es eine Stunde Pause.
● Und ich würde gern wissen, wie die Bezahlung ist.
● Das sollten wir hier besprechen. Kommen Sie bitte morgen um 14 Uhr in mein Büro.

15a

gemacht – gelernt – gearbeitet – gekommen – besucht – beendet

15b

Sergiy Pilakew – 11.3.1990, Uman – Ausbildung zum Mechatroniker am Technikum – Praktikum in der Autowerkstatt Schmidt – Toyota-Servicecenter – Mercedes-Servicecenter – Muttersprache

15c

Beispiel:

Herr Pilakew sollte viel Radio hören. Er sollte deutsche Zeitungen lesen und im Internet Nachrichten auf Deutsch lesen. Herr Pilakew sollte einen deutschen

Lösungen

Blog schreiben und viel mit seinen Nachbarn sprechen. Er sollte auch einen berufsorientierten B2-Sprachkurs machen.

16a
3

16b
1 R – **2** F – **3** R

17a
1 A – **2** C – **3** A – **4** B

17b
Beispiel:
1 Ich habe zehn Monate Deutsch gelernt.
2 Ja, beim Goethe-Institut für das Niveau A1.
3 Ich kann einfache Texte schreiben.
4 Ich habe in einer Bäckerei gearbeitet.

18
von oben nach unten:
3 – 7 – 1 – 4 – 8 – 2 – 6 – 5

Jamal Kesete · Bergmannstraße 5 · 54295 Trier

08.02.2016

Sehr geehrte Damen und Herren,
in der Zeitung vom 06.02.2016 habe ich Ihre Anzeige gelesen und würde mich gerne als Fahrer bei Ihnen bewerben.
Ich habe den Führerschein Klasse C1 und habe bereits als Paketfahrer gearbeitet. Jetzt arbeite ich als Aushilfe in einem Supermarkt. Ich möchte gerne wieder als Fahrer arbeiten und möchte mich hiermit um die Stelle bewerben. Ich bin zeitlich flexibel und kann ab nächstem Monat anfangen.
Ich würde mich über eine positive Antwort freuen.

Mit freundlichen Grüßen

Jamal Kesete

19a
1 Informationen über die Firma sammeln –
2 Fragen und Antworten vorbereiten –
3 Passende Kleidung – **4** Letzte Vorbereitungen –
5 Beim Vorstellungsgespräch

19b
Beispiel:
1 Man sollte passende Kleidung tragen. Man sollte sein Handy ausschalten. Man sollte freundlich sein.
2 Man sollte den Gesprächspartner ausreden lassen. Man sollte ruhig und deutlich sprechen.
3 Man sollte pünktlich sein.

Wichtige Wörter

1
1 E – **2** D – **3** A – **4** G – **5** F – **6** C – **7** B – **8** H
Beispiel:
Ich arbeite seit zwei Jahren in Teilzeit. Ich habe eine feste Stelle. Ich mache oft Überstunden. Ich bekomme ein Gehalt. Man bewirbt sich um eine Stelle. Man schreibt einen Lebenslauf und schickt die Bewerbungsunterlagen. Ich arbeite mit Kollegen zusammen.

2
das Bewerbungsfoto, das Bewerbungsschreiben, das Bewerbungsgespräch, die Bewerbungsunterlagen
die Arbeitszeit, der Arbeitsvertrag, der Arbeitstag
die Berufserfahrung, die Berufsschule
die Stellensuche, die Stellenanzeige, das Stellenangebot

3a
1 Schichtarbeit – **2** Stress – **3** Team – **4** Stelle –
5 Überstunden

3b
Beispiel:
1 Ja, ich habe schon in Schichtarbeit gearbeitet. –
2 Ja, ich bin belastbar. Ja, ich bleibe in Situationen mit Stress ruhig. – **3** Ich arbeite gern im Team, aber auch gern allein. – **4** Die Stelle ist für mich interessant, weil die Arbeit mich sehr interessiert. –
5 Ja, ich kann abends länger arbeiten und Überstunden machen.

5
1 teamfähig – **2** kreativ – **6** ordentlich –
7 neugierig – **8** pünktlich – **10** genervt –
14 erschöpft

6a
Person 1: Foto 6 – **Person 2:** Foto 2 – **Person 3:** Foto 14 – **Person 4:** Foto 15 – **Person 5:** Foto 7

6b
Person 2: Das ist dieser Mann hier. Er ist kreativ.
Person 3: Das ist dieser Mann hier. Er ist erschöpft.
Person 4: Das ist diese Person hier. Sie ist flexibel.
Person 5: Das ist dieser Mann hier. Er ist neugierig.

7
2 leise – **4** groß – **6** ungeduldig – **8** stark –
10 jung – **11** glücklich

11 Von Ort zu Ort

1a
1 fliegen, besuchen, checken … ein – **2** packt, machen, fahren, stehen

1b
1 aus, in – **2** mit, in, nach

2a
Interview 1: Foto 1 – **Interview 2:** Foto 4

2b
Interview 1:
1 Die Reise hat vier Tage gedauert.
2 Die Eltern haben die Reise bezahlt.
3 Das Hotel war sehr gemütlich.

Interview 2:
4 Er lebt seit zwölf Jahren in Deutschland.
5 Er hat eine Geschäftsreise gemacht.
6 Die Reise war schön, aber anstrengend.

3
haben … gewohnt – hat … gefallen – haben … besichtigt – gemacht – sind … gefahren – haben … gegessen – sind … gegangen

4
Beispiel:

Meine letzte Reise
Wir waren zwei Wochen in Italien. Wir haben in einem Hotel am Gardasee gewohnt. Das Hotel hat uns gut gefallen. Wir sind viel gewandert. An einem Tag sind wir nach Verona gefahren. Die Stadt ist sehr schön. Wir haben das Amphitheater und die berühmte Julia-Statue besucht. Wir haben viele Fotos gemacht. Das Wetter war sehr schön. Wir hatten einen schönen Urlaub.

5a
1 Das ist der Strand, der so viel weißen Sand hatte.
2 Das sind die Nachbarn, die so freundlich waren.
3 Das ist das Meer, das so sauber war.
4 Das ist die Stadt, die so voll war.
5 Das ist der Markt, der nur am Vormittag geöffnet war.
6 Das ist das Café, das so gemütlich war.

5b
1 das – **2** der – **3** die – **4** die – **5** das

6
1 Familie Hamudi sucht einen Park, der einen schönen Spielplatz hat.
2 Frau Hamudi sucht ein nettes Café, das in der Nähe vom Spielplatz liegt.

3 Familie Hamudi sucht einen Kindergarten, der Musikunterricht anbietet.
4 In der Stadt gibt es viele Geschäfte, die ihnen gut gefallen.

7
1 Kennst du eine Stadt, die in Österreich liegt?
2 Kennst du eine Stadt, die an der Grenze zu Polen liegt?
3 Wie heißt der Fluss, der durch Köln fließt?
4 Wie heißt der See, der südlich von München liegt?

8
1 Guten Tag, was kann ich für Sie tun?
2 Guten Tag, ich möchte einen Flug nach Athen buchen.
3 Wann möchten Sie reisen?
4 Ich möchte am 2.10. von Frankfurt abfliegen und am 5.10. zurückkommen.
5 In dieser Zeit gibt es viele günstige Angebote. Hier ist zum Beispiel ein Flug für 172 Euro.
6 Das ist gut. Den Flug können Sie für mich buchen.
7 Sehr gern. Sagen Sie mir bitte Ihren Namen.

9
1 Der Hinflug soll am 31.3. sein. – **2** Die Unterkunft soll nicht so viel kosten. – **3** Der Abflugort soll Hamburg sein. – **4** Die Reise soll nicht so lange dauern.

10
Beispiel:
- Guten Tag, ich möchte einen Flug von Basel nach Berlin buchen.
- Wann möchten Sie fliegen?
- Ich möchte am 17.2. nach Berlin und am 28.2. wieder zurück nach Basel fliegen.
- Ich habe hier ein Angebot. Hinflug und Rückflug kosten nur 190 Euro.
- Ja, den Flug können Sie bitte für mich buchen.

11a
1 ein Paket – **2** die Zeitschrift – **3** die Flugtickets – **4** keinen Regenschirm – **5** das neue Kleid – **6** eine Zahnbürste

11b
bekommen – lesen – suchen – brauchen – tragen – kaufen

12a
1 das – **2** den – **3** die – **4** die – **5** den – **6** die – **7** die – **8** die

Lösungen

12b

1 Wo ist die Jacke, die ich immer im Garten trage?

2 Wo sind die Pässe, die ich auf den Tisch gelegt habe?

3 Wo ist das Paket, das ich gestern bekommen habe?

4 Wo ist der Rucksack, den ich für die Reise gekauft habe?

5 Wo sind die Badesachen, die im Schrank gelegen haben?

13

1 Herr Asmeron sucht Geschenke, die er in seine Heimat mitnehmen kann.

2 Frau Ivanova sucht einen Pullover, der warm ist.

3 Frau Marini gefällt ein Kleid, das ihr Mann hässlich findet.

4 Frau da Silva sucht eine Reisetasche, die viele Fächer hat.

5 Herr Bloch kauft einen Ring, den er seiner Frau schenken will.

14

1 Autopanne – Notrufsäule – Notrufzentrale – Pannendienst – **2** Platzreservierung – Wagennummer

15

- Darf ich Sie kurz stören? Ich glaube, Sie sitzen auf meinem Platz.
- Das ist nicht möglich. Ich habe für diesen Platz eine Reservierung.
- Nein, ich habe diesen Platz reserviert. Hier steht es: Platz 31 in Wagen 12.
- Haben Sie Wagen 12 gesagt? Wir sind aber in Wagen 11.
- Oh, entschuldigen Sie bitte!
- Das macht nichts. Das ist mir auch schon passiert.

17

C – A – F – D – G – E – H – B

Heidelberg liegt in Süddeutschland. Viele Touristen kommen jedes Jahr nach Heidelberg. Das Wahrzeichen von Heidelberg ist das Schloss, das oben auf einem Berg liegt. Man kann mit einer kleinen Bahn hochfahren oder man kann zu Fuß laufen. Durch die Stadt fließt ein Fluss, der Neckar. Die alte Brücke über den Neckar ist eine wichtige Sehenswürdigkeit in Heidelberg. Viele Tausend Touristen machen dort ein Foto.

18

einen Vorschlag machen: Ich schlage vor, dass … – Ich denke, wir sollten …

zustimmen: Ja, so machen wir es. – Das finde ich gut. – Einverstanden. – Das ist eine gute Idee.

ablehnen: Das finde ich nicht so gut. – Nein, ich möchte lieber … - Ich finde es besser, wenn …

19

1 A – **2** C – **3** A – **4** B

20

Lieber Hans,

jetzt sind wir schon zwei Tage hier am Meer. Das Wetter ist fantastisch und wir baden jeden Tag. Abends gehen wir in ein kleines Restaurant, das Spezialitäten aus der Region hat. Schade, dass du nicht mitkommen konntest.

Liebe Grüße

Murat

21a

2 Preis – **3** Jetzt buchen – **4** Services Drucken – **5** Gültigkeit

21b

1 Mit dem „Schönes-Wochenende-Ticket" können bis zu fünf Reisende fahren. – **2** Das Ticket ist am Samstag oder Sonntag von 0 bis 3 Uhr des Folgetages gültig. – **3** Man kann alle Regionalzüge (RB, IRE, RE) und S-Bahnen benutzen.

Wichtige Wörter

1

Verben	Nomen
buchen	die Buchung
reservieren	die Reservierung
fliegen	der Flug, das Flugzeug
vorschlagen	der Vorschlag
abfliegen	der Abflug

2

1 die Notrufsäule – **2** die Regensachen – **3** die Platzreservierung – **4** die Burg

3a

der Ausweis – der Rucksack – der Schlafsack –
der Koffer - das Ticket – das Reisedokument –
die Kamera – die Zahnbürste

3b

Rucksack – Koffer – Kamera – Schlafsack

5a

1 im See baden/schwimmen – **6** malen –
8 Eis essen – **11** grillen –**14 f**otografieren –
17 ein Picknick machen – **20** wandern –
23 ein Museum besuchen – **24** Rad fahren

Station 3

A

Beispiel:

1 Ich mache Sport, damit ich gesund bleibe.
2 Ich mache den Deutschkurs, damit ich Deutsch
lerne.
3 Ich höre jeden Morgen Radio, damit ich informiert bin.

B

Name – interessiere – Computerkurs – Termin –
kostet – wie – anmelden

C

Beispiel:

2 Du solltest eine Tasse Tee trinken.
3 Du solltest in der Zeitung suchen oder bei der
Bundesagentur für Arbeit fragen.

D

Beispiel:

2 Welche Nebenwirkungen gibt es? / Haben die Tabletten Nebenwirkungen?
3 Wie lange muss ich die Tabletten nehmen?

E

- Guten Tag, ich habe Ihre Stellenanzeige gelesen. Ist
die Stelle noch frei?
- Ja, sie ist noch frei.
- Wie sind die Arbeitszeiten?
- Sie arbeiten montags bis freitags von 7.00 bis
15.00 Uhr.
- Bekomme ich einen festen Stundenlohn?
- Das können wir hier in der Firma besprechen.

6

Beispiel:

Im Herbst kann man gut wandern. Es ist nicht
so heiß. Ich bin schon oft mit Freunden wandern
gegangen.
Im Sommer kann man gut mit dem Zelt Urlaub machen. Es ist warm. Man braucht einen Schlafsack. Ich
habe mit einer Freundin in Italien mein Zelt aufge-
baut. Der Campingplatz war an einem See.

G

Beispiel:

😊 Das finde ich eine gute Idee. / Einverstanden.

☹️ Das finde ich nicht so gut. / Ich finde es besser,
wenn wir mit dem Flugzeug fliegen.

DTZ Lesen

Teil 5

1 A – **2** A – **3** C – **4** B – **5** B – **6** C

DTZ Schreiben

Aufgabe A
Beispiel:

Hallo Martin,
ich will am Wochenende meine Wohnung streichen.
Kannst du mir vielleicht helfen? Ich will das Wohn-
zimmer und den Flur streichen. Kannst du am Samstag um 10.00 Uhr? Essen und Trinken gibt es bei mir.
Gruß Tomas

Aufgabe B
Beispiel:

Hallo Maria,
wir wollten doch zusammen Deutsch lernen, oder?
Hast du am Mittwoch um 15.30 Uhr Zeit? Wir können uns bei mir treffen. Ein Kursbuch und ein Wörterbuch habe ich da. Ich kann auch einen Kuchen
backen.
Lieben Gruß
Svetlana

Lösungen

12 Treffpunkte

1
1 gut – **2** einsam – **3** ernst – **4** schlecht – **5** wohl

2
Text 1: Richtig: 1 – **Text 2:** Richtig: 1, 4

3a
das Nachbarschaftshaus:
1 D – **2** A – **3** C – **4** B
die Besucher:
1 C – **2** E – **3** B – **4** A – **5** D

3b
Beispiel:
1 Das Nachbarschaftshaus bietet Kurse an.
2 Das Nachbarschaftshaus organisiert eine Hausaufgabenhilfe.
3 Das Nachbarschaftshaus hilft bei Problemen.
4 Das Nachbarschaftshaus arbeitet interkulturell.
5 Die Besucher können sich sozial engagieren.
6 Die Besucher können Sport machen.
7 Die Besucher können zu den Veranstaltungen kommen.
8 Die Besucher können sich beraten lassen.
9 Die Besucher lernen Leute kennen.

4
1 Behinderung – **2** Hausaufgabenhilfe –
3 Jugendliche – **4** Frauengruppe –
5 Rechtsberatung – **6** Erwachsene – **7** Kinder

5
nimmt … teil – bekommen – bietet … an – braucht –
trifft – besucht – will

6a
Interview 1: der Karnevalsverein (Foto links oben),
Tanzgruppe (Foto unten rechts)
Interview 2: der Turnverein (Foto links unten)

6b
1 F – **2** F – **3** R – **4** F – **5** R – **6** F

7a
1 zehn – **2** einhundert – **3** eintausend –
4 zehntausend – **5** hunderttausend –
6 eine Million – **7** zehn Millionen –
8 hundert Millionen – **9** eine Milliarde

7b
1 82 000 000 – **2** 3 400 000 – **3** 11 900 000 –
4 25 000 – **5** 6 900 000 – **6** 1 000 000

8a
1 die – **2** die – **3** der – **4** das

8b
1 Ulyana ist eine Schülerin, die Frau Bauer hilft.
2 „Jugend aktiv" ist ein Projekt, das das Nachbarschaftshaus anbietet.
3 Der FC Bayern München ist ein Fußballverein, den viele Leute kennen.
4 Der Verein bietet Beratungen an, die für viele Menschen wichtig sind.
5 Das Nachbarschaftshaus bietet viele Projekte an, die ein Treffpunkt für die Nachbarn sind.

9
1 mit dem – **2** zu dem – **3** in dem – **4** ohne das –
5 für die

10a
1 B – **2** A – **3** F – **4** C – **5** E – **6** D

10b
2 Das ist meine Freundin. Ich fahre mit ihr in den Urlaub.
3 Das ist der Bus. Mit dem Bus fahre ich zur Arbeit.
4 Das ist der Markt. Hier gehen wir jeden Samstag einkaufen.
5 Das ist die Schule. Hier habe ich Abitur gemacht.
6 Das sind die Lehrer. Von ihnen habe ich viel gelernt.

11
2 Ich arbeite gut mit meinen Kollegen zusammen. Die Kollegen sind alle sehr nett.
3 Ich esse in der Kantine zu Mittag. Die Kantine hat auch eine Terrasse.
4 Meine Kollegen kommen aus Hamburg zu einem Termin. Der Termin findet am Freitag statt.
5 Ich fahre jeden Morgen mit dem Zug zur Arbeit. Der Zug hat selten Verspätung.
6 Ich nehme an einem Tanzkurs teil. Der Tanzkurs fällt morgen aus.

12
Beispiel:
1 Heide Jordan ist als Jugendliche Mitglied im Basketballverein geworden, weil ihre Freundin Anna Basketball spielen wollte.
2 Sie ist jetzt nicht mehr so aktiv, weil sie ihre Freizeit mit ihrer Familie verbringen will.
3 Sie bleibt im Verein, weil sie dort viele Freunde hat und an Vereinsfesten teilnimmt.

13

2 Ein Theaterverein ist ein Verein, in dem man Theater spielt.

3 Ein Vereinsfest ist ein Fest, das der Verein organisiert.

4 „Jugend hilft" ist ein Projekt, in dem sich junge Leute engagieren können.

5 Eine ehrenamtliche Arbeit ist eine Arbeit, für die man kein Geld bekommt.

6 Der Singkreis ist eine Gruppe, in der die Leute aus der Nachbarschaft zusammen singen.

14

Beispiel:

Mein Sohn ist zehn Jahre alt. Er spielt Fußball in einem Sportverein. Es macht ihm sehr viel Spaß. Jeden Dienstag bringe ich ihn zum Training. Am Wochenende sind oft Fußballspiele. Viele Eltern schauen zu. Manchmal organisiert der Verein ein Fest zum Beispiel im Sommer oder zu Weihnachten.

15

1 verbinden, Durchwahl – **2** falsch verbunden, verwählt, Ursache – **3** belegt

17

In Deutschland gibt es viele hunderttausend Vereine, in denen viele Millionen Menschen aktiv sind. Man findet Sportvereine oder Kulturvereine, aber auch soziale Vereine, die Menschen in schwierigen Situationen helfen. Wenn man zum Beispiel Fußball spielen möchte, kann man sich in einem Fußballverein anmelden. Dann bezahlt man einen Mitgliedsbeitrag und kann am Vereinsleben teilnehmen.

18a

Elias Verne – 23.5.1984 – Hauptstraße 14 – 72458 Albstadt – aktives Mitglied, Trompete – Volksbank Albstadt – DE18 6539 0120 0000 0027 – GENODES1EBI

18b

1 Er muss pro Monat 2,50 Euro bezahlen. – **2** Er ist aktives Mitglied. – **3** Der Vertrag endet zum Jahresende.

18c

B

Wichtige Wörter

1a

1 eine Strafe bezahlen – **2** die Durchwahl geben – **3** die Störung entschuldigen – **4** Mitglied werden – **5** eine Veranstaltung organisieren

1b

1 Er ist Mitglied in einem Verein.

2 Alle Mitglieder im Verein müssen einen Mitgliedsbeitrag zahlen.

3 Oft helfen Vereine in schwierigen Situationen.

4 Der Verein organisiert manchmal Feste.

5 Man kann sich täglich von 16 bis 20 Uhr im Verein anmelden.

6 Ich nehme an Angeboten von der Volkshochschule teil.

7 Viele Vereine bieten Beratungen an.

8 Einige Vereine setzen sich für soziale Gerechtigkeit ein.

2

2 Hausaufgabenhilfe – **3** Telefonzentrale

4

1 der Gesangsverein – **5** der Karnevalsverein – **11** der Turnverein – **15** der Fußballverein – **16** der Kleingartenverein

6

1 12 – **2** 16 – **3** 2 – **4** 4 – **5** 8 – **6** 18 – **7** 9

7

Beispiel:

Der soziale Verein hilft Menschen in schwierigen Situationen – Im Schachclub kann man Schach spielen. – Im Turnverein machen die Leute zusammen Gymnastik. – Im Kunstverein schauen sich die Leute Kunst an oder malen Bilder. – Im Fußballverein spielen die Mitglieder Fußball und trainieren gemeinsam. – Im Lesekreis liest man zusammen oder man redet über Literatur. – Der Tierschutzverein hilft Tieren und schützt die Umwelt. – Im Kleingartenverein kann man in seinem eigenen Garten arbeiten. – Im Gesangsverein singen die Leute gemeinsam. – Im Ruderverein rudern die Mitglieder zusammen. – Im Segelverein kann man segeln gehen. – Im Angelverein kann man angeln. – Der Taubenzüchterverein züchtet Tauben. – Mitglieder im Wanderverein gehen zusammen wandern. – Im Karnevalsverein kann man sich verkleiden und man kann gemeinsam feiern. – Im Radsportverein kann man Radfahren trainieren. – Im Hundezüchterverein kann ich sehen, welcher Hund zu mir passt.

Lösungen

8

Beispiel 1:
Ich würde gern Mitglied im Angelverein sein, weil ich gern in der Natur bin. Man muss sehr ruhig sein. Ich mag die Ruhe. Da kann man gut entspannen. Fisch esse ich auch gern.

Beispiel 2:
Ich würde gern Mitglied im Gesangsverein sein, weil ich gern singe. Man lernt viele Leute kennen und kann sich unterhalten. Singen macht Spaß. Man kann neue Lieder lernen. Manchmal gibt es Veranstaltungen. Es ist schön, wenn man vor Menschen singt.

13 Banken und Versicherungen

1

1 Kontoauszug, Konto – **2** Geldautomat –
3 überweisen, Bankverbindung

2a

eine Überweisung machen – ein Konto eröffnen – Kontoauszüge holen – einen Kredit beantragen – eine Onlineüberweisung machen – Geld überweisen, Geld abheben, Geld wechseln, Geld anlegen

2b

1 hebt … ab – **2** überweisen – **3** hole – **4** eröffnen – **5** beantragen

3

überwiesen – eingezahlt – abgehoben – vergessen

4a

1

4b

1 R – **2** F – **3** F – **4** F

5a

- Was kann ich für Sie tun?
- Guten Tag, ich habe bei Ihnen ein Girokonto und mein Mann braucht jetzt auch eine EC-Karte für das Konto.
- Wie ist Ihre IBAN?
- Moment … das ist die 2DE 07 50010060 025443306.
- Vielen Dank. Bitte füllen Sie dieses Formular aus. Ihr Mann und Sie müssen beide unterschreiben.
- In Ordnung. Muss mein Mann mitkommen, wenn ich das Formular wieder abgebe?
- Nein, das muss nicht sein. Wenn Sie das Formular abgegeben haben, dauert es 10 bis 14 Tage.
- Vielen Dank für Ihre Hilfe.

6a

2 um – **3** an – **4** für – **5** über – **6** auf – **7** auf – **8** an – **9** von – **10** über

6b

für – über – auf – über – auf

7a

Schwarz (Person): 2, 4, 8 und 9
Rot (Sache): 1, 3, 5, 6, 7, 10, 11 und 12

7b

3 Worauf wartet er? – **4** Mit wem sprechen sie? – **5** Woran nimmt er teil? – **6** Wofür engagieren sich viele Menschen? – **7** Wofür ist dieses Buch interessant? – **8** Über wen hast du dich sehr geärgert? – **9** Von wem hast du heute Nacht geträumt? – **10** Wovon träumt er? – **11** Woran denkt sie? – **12** Wofür interessiert sie sich?

8

1 Er fährt mit seinen Kollegen. – **2** Er fährt mit dem Auto. – **3** Er kauft für seine Familie ein. – **4** Er kauft für das Wochenende ein. – **5** Er lädt seine Freunde zu der Geburtstagsparty ein.

9

1 B – **2** A – **3** D – **4** C

10a

- Guten Tag, Hamburger Versicherung, Neumaier, was kann ich für Sie tun?
- Ich möchte eine Schadensmeldung machen. Ich bin mit meinem Auto gegen das Auto von meinem Nachbarn gefahren.
- Und das Auto von Ihrem Nachbarn hat jetzt einen Schaden?
- Ja, vorne an der Autotür rechts.
- Wie ist Ihre Versicherungsnummer?
- Das ist die 0749876.
- Können Sie mir auch den Namen, die Adresse und die Telefonnummer von Ihrem Nachbarn sagen?
- Er heißt Timo Berg und wohnt in der Arndtstraße 40 in 44135 Dortmund, die Telefonnummer ist 0231 4711 665.
- Vielen Dank, die Sache erledigt unsere Schadensabteilung für Sie. Wenn wir noch Fragen haben, rufen wir Sie an.
- Vielen Dank, auf Wiederhören.

10b

die Autotür = das Auto + die Tür

die Versicherungsnummer = die Versicherung + die Nummer

die Telefonnummer = das Telefon + die Nummer

die Schadensabteilung = der Schaden + die Abteilung

11a

2 die Post, die Karte: die Postkarte – **3** das Ohr, der Ring: der Ohrring – **4** die Tasche, das Geld: das Taschengeld – **5** das Gemüse, die Suppe: die Gemüsesuppe – **6** der Fuß, der Ball: der Fußball

11b

Eine Postkarte ist eine Karte, die man oft aus dem Urlaub schreibt.

Ein Ohrring ist ein Ring, den man am Ohr trägt.

Taschengeld ist das Geld, das die Kinder von ihren Eltern bekommen.

Ein Fußball ist ein Ball, mit dem man Fußball spielt.

Eine Gemüsesuppe ist eine Suppe, die man aus Gemüse kocht.

12

1 D: Das Skigebiet ist ein Gebiet, in dem man Ski fahren kann.

2 F: Die Autowerkstatt ist ein Ort, an dem man sein Auto reparieren lassen kann.

3 A: Das Ärztehaus ist ein Ort, an dem viele Ärzte arbeiten.

4 C: Das Arbeitszimmer ist ein Zimmer, in dem man arbeitet.

5 E: Der Tanzkurs ist ein Kurs, in dem man tanzen lernt.

6 G: Das Adressbuch ist ein Buch, in dem viele Adressen stehen.

7 B: Die Arbeitskollegin ist eine Person, mit der man zusammenarbeitet.

13

1 Der Vorteil von der Kaffeemaschine *Senso* ist, dass sie zehn Tassen kochen kann.

2 Ich finde gut, dass sie zwei Jahre Garantie hat.

3 Die Kaffeemaschine *Avanti* hat den Nachteil, dass sie nur ein Jahr Garantie hat.

4 Wenn man wenig Geld hat, ist die Kaffeemaschine *Avanti* günstiger/besser.

5 Schlecht ist, dass die Kaffeemaschine *Avanti* nur ein Jahr Garantie hat.

14

Beispiel:
- Guten Tag, kann ich Ihnen helfen?
- Guten Tag, ich interessiere mich für eine Digitalkamera.

- Wir haben gerade diese Digitalkamera im Angebot, für 459 Euro.
- Das ist sehr teuer.
- Dann haben wir noch diese Kamera für 199,99 Euro. Die ist gut und günstig.
- Wie lange hat die Kamera Garantie?
- Die Kamera hat zwei Jahre Garantie.
- Gut, dann nehme ich die Digitalkamera.

15

1 Die Kamera funktioniert nicht mehr richtig. Sie speichert keine Fotos mehr. – **2** Die Kamera hat noch acht Monate Garantie. – **3** Herr Schneider schickt Kopien von der Quittung und dem Garantieschein an die Firma Krüger. – **4** Herr Schneider möchte wissen, wie lange die Reparatur dauert und ob die Reparatur kostenlos ist.

16a

Sehr geehrte Damen und Herren,

vor sechs Monaten habe ich bei Ihnen die Mikrowelle *Panason X3* gekauft. Leider funktioniert sie jetzt nicht mehr. Sie startet, aber das Essen wird nicht mehr heiß. Können Sie die Mikrowelle bitte reparieren oder eine neue schicken? Ich schicke Ihnen auch den Garantieschein und die Quittung als Kopie mit.

Mit freundlichen Grüßen

Jochen Schott

16b

Beispiel:

Sehr geehrte Damen und Herren,

vor vier Monaten habe ich bei Ihnen den Rasierapparat *Super* gekauft. Ich war mit dem Rasierapparat sehr zufrieden, aber jetzt funktioniert er nicht mehr. Der Rasierapparat hat noch drei Monate Garantie. Können Sie den Rasierapparat bitte reparieren? Den Garantieschein und die Quittung schicke ich als Kopie mit.

Mit freundlichen Grüßen

17a

Text 1: D – **Text 2:** C – **Text 3:** A

17b

	Vorteile	Nachteile
Fernseher	die Bedienung ist einfach und praktisch	die Tonqualität ist schlecht
Waschmaschine	die Bedienung ist kinderleicht, die Maschine hat gute Programme, die Maschine ist leise	die Maschine ist schwer, man darf die Maschine nicht zu voll machen
Espressomaschine	die Maschine ist sehr schick, der Kaffee schmeckt sehr gut und ist sehr heiß	die Maschine ist teuer, die Maschine macht wenig Schaum

Lösungen

Wichtige Wörter

1a

1 C: der Bankberater – **2 D**: der Garantieschein –
3 A: der Rechtsanwalt – **4 B**: die Rentenversicherung –
5 E: der Dauerauftrag – **6 F**: das Geschäftskonto

1b

2 Ich schicke den Garantieschein als Kopie. –
3 Der Rechtsanwalt berät mich. – **4** Wir zahlen in
die Rentenversicherung ein. – **5** Ich habe einen
Dauerauftrag für die Miete. – **6** Für die Firma habe
ich ein Geschäftskonto.

2

1 eröffnen – **2** wechseln – **3** bekommen –
4 abschließen – **5** zeigen – **6** reklamieren –
7 machen

3

Beispiel:
Banken: das Privatkonto, das Girokonto, das Ge-
                  schäftskonto, das Firmenkonto, die Kon-
                  tonummer, der Kontoauszug, der Konto-
                  stand, die Bankverbindung, die IBAN
Versicherungen: die Kfz-Versicherung, das Auto/
                  der Pkw, der Gebrauchtwagen, die Ren-
                  tenversicherung, die Rente, die Kran-
                  kenversicherung, der Unfall, die Haft-
                  pflichtversicherung, der Schutz, der Tarif

5a

1 die Karte in den Geldautomaten stecken –
2 das Geld entnehmen – **3** den Betrag auswählen –
4 die Geheimzahl eingeben – **5** die Geheimzahl bestätigen – **6** die Karte entnehmen

5c

Zuerst muss man seine EC-Karte in den Geldautomaten stecken. Dann gibt man die Geheimzahl ein und
bestätigt sie. Danach wählt man einen Betrag. Zum
Schluss nimmt man die Karte wieder heraus und danach nimmt man das Geld.

6

1 der Staubsauger – **5** die Mikrowelle – **6** der Rasierapparat – **7** die Spülmaschine – **9** der Herd – **11** der
Kühlschrank

8

Beispiel:
- Wofür braucht man einen Staubsauger?
- Mit einem Staubsauger macht man den Teppich
  sauber.
- Was macht man mit einem Bügeleisen?
- Das Bügeleisen macht die Kleidung glatt.
- Wofür braucht man einen Wäschetrockner?
- Der Wäschetrockner trocknet die Wäsche.
- Was macht eine Nähmaschine?
- Mit einer Nähmaschine kann man nähen.
- Wofür braucht man einen Rasierapparat?
- Mit einem Rasierapparat rasiert man sich.
- Was macht die Spülmaschine?
- Die Spülmaschine spült das Geschirr.
- Wofür braucht man einen Fön?
- Mit einem Fön trocknet man sich die Haare.
- Was macht man mit einem Herd?
- Auf einem Herd kann man Essen kochen.
- Wofür braucht man ein Rührgerät?
- Mit einem Rührgerät kann man Teig machen.
- Was macht man mit einem Kühlschrank?
- Im Kühlschrank kann man Lebensmittel frisch hal-
  ten.
- Wofür braucht man einen Wasserkocher?
- Mit dem Wasserkocher kann man Wasser kochen.

14 Freunde und Bekannte

1

1 nett – **2** unterhalte – **3** vertraue –
4 duzt – **5** tröstet – **6** siezt – **7** gegenseitig
Lösungswort: traurig

2a

Interview 1: Bild 1 – **Interview 2:** Bild 3

2b

1 R – **2** F – **3** F – **4** F – **5** F – **6** R

3a

1 D – **2** A – **3** G – **4** F – **5** E – **6** C – **7** B

3b

Beispiel:
Auf einen guten Freund kann man sich verlassen.
Wenn man Sorgen hat, hört ein guter Freund zu und
oft kann er helfen. Mit guten Freunden kann man
viele schöne Dinge erleben.

4a

2 mit – **3** auf – **4** über – **5** über – **6** auf – **7** von –
8 an

4b

Beispiel:

2 Ich telefoniere mit meiner Mutter. – **3** Ich kann mich immer auf meine beste Freundin verlassen. – **4** Manchmal ärgere ich mich über meinen Nachbarn. – **5** Ich freue mich über das Prüfungsergebnis. – **6** Wir freuen uns auf unseren Urlaub in Spanien. – **7** Mein Freund träumt von einem teuren Auto. – **8** Ich denke die ganze Zeit an den Urlaub.

5

1 D – **2** E – **3** G – **4** A – **5** H – **6** C – **7** F – **8** B

6

2 Wovon träumt ihr? – **3** Mit wem sprichst du über deine Probleme? – **4** Wofür interessiert sich dein Freund? – **5** Worüber streitet ihr? – **6** Worüber lacht ihr?

7

2 mit Fahrrädern – **3** über die schlechte Erinnerung an den Urlaub – **4** auf eine Fahrradtour in Spanien – **5** an den Urlaub an der Ostsee – **6** über das sehr teure, nicht schöne Hotel – **7** auf das Wochenende

8

Text 1: Darüber – **Text 2:** Darüber, daran, Darauf – **Text 3:** Darüber – **Text 4:** daran, darüber, darüber

9

2 Davon träume ich schon lange. – **3** Über ihn ärgere ich mich oft. – **4** Mit ihr unterhalte ich mich in der Pause. – **5** Darüber sprechen wir viel. – **6** Auf ihn warte ich immer.

10a

1 C – **2** E – **3** A – **4** B – **5** D – **6** F

10b

3 – 1 – 2

10c

Beispiel:

Markus hatte glücklicherweise sein Smartphone in der Tasche. Er kennt einen Freund, der in der Nähe von Münster wohnt. Markus hat seine Nummer herausgefunden und ihn angerufen. Die Frau von seinem Freund war am Telefon. Sie war unfreundlich. Aber sein Freund hat ihn mit dem Auto vom Bahnhof abgeholt. Markus kann sich auf seinen Freund verlassen.

11a

Interview 1: Bild 1, 3 – **Interview 2:** Bild 5, 6

11b

1 B – **2** B – **3** A – **4** C – **5** C – **6** A

12

Beispiel:

Elfchen 1:

Freunde
immer zusammen
Energie und Spaß
zusammen schaffen wir alles
Perfekt!

Elfchen 2:

Freunde
50 Jahre
Familie, Kinder, Enkel
so viele gemeinsame Erinnerungen
Wunderbar!

13

Beispiel:

Sprachkurs
Sprechen, Schreiben und Lesen
Mit vielen anderen
Deutsch lernen
Zufrieden

14

Lieber Reza,

gerade habe ich deine Nachricht bekommen. Bist du wirklich für zwei Wochen in Frankfurt? Das finde ich toll. Ich würde dich sehr gerne wiedersehen. Wie geht es dir und deiner Familie? Hast du immer noch deine Stelle in Hannover?

Bei mir ist alles in Ordnung. Meine Frau macht jetzt einen Deutschkurs und die Kinder sind in der Schule. Sie haben schon sehr viel Deutsch gelernt. Erinnerst du dich noch an unseren gemeinsamen Deutschkurs? Ich denke gerne daran. Es war anstrengend, aber es hat auch Spaß gemacht. Wann kannst du zu uns kommen, damit wir uns mal wieder gemütlich unterhalten können? Sag Bescheid, meine Handynummer ist die 0153 55 123 98 675.

Ich freue mich schon auf dich!
Liebe Grüße
Javid

15b

1 Einkommen und Vermögen – **2** Krankheiten – **3** Ängste und Sorgen – **4** Arbeit und Job

15c

Beispiel:

Die Deutschen sprechen mehr über „Arbeit und Job" als ich. Das Thema „Politische Überzeugungen" ist für Deutsche wichtiger als für mich. Ich finde interessant, dass Deutsche mehr über den „Sinn des Lebens" sprechen als über „Einkommen und Vermögen".

Lösungen

Wichtige Wörter

1a
denken, der Gedanke, -n – sich erinnern , die Erinnerung, -en – etwas erleben, das Erlebnis, -se – sich interessieren, das Interesse, -n

1b
Beispiel:
Einen guten Gedanken muss ich sofort aufschreiben. – An meinen letzten Urlaub habe ich schöne Erinnerungen. – Die Zeit im Krankenhaus war kein schönes Erlebnis. – Er hat viele Interessen.

2
1 vermissen – **2** sich verabreden – **3** weinen – **4** vertrauen – **5** trennen – **6** merken

3
1 traurig – **2** lachen – **3** gemeinsam – **4** die Wärme – **5** schlechte Erinnerungen – **6** das Gegenteil

5
1 sich erinnern an – **2** warten auf – **5** sich vorbereiten auf – **6** sich verlieben in – **8** sich kümmern um – **9** träumen von – **10** sich ärgern über –

12 sich freuen über – **13** lachen über – **14** sich informieren über – **16** sich beschweren über

7a
1 Foto 8, um – **2 Foto 4**, an – **3 Foto 7**, an – **4 Foto 3**, nach – **5 Foto 5**, auf

7b
Beispiel:
Foto 10: Sie ärgert sich über ihren Computer. – **Foto 11:** Sie sprechen über ihre nächste Reise. – **Foto 12:** Sie freuen sich über die Fußballmannschaft. – **Foto 13:** Die Jungen lachen über den Clown. – **Foto 14:** Der Kunde informiert sich über Nebenwirkungen. – **Foto 15:** Die Kollegen diskutieren über ein neues Projekt. – **Foto 16:** Die Mieter beschweren sich über den Handwerker. – **Foto 17:** Die Kollegen gratulieren zu einer erfolgreichen Präsentation. – **Foto 18:** Sie streiten sich über eine Rechnung.

8
Beispiel:
1 Woran erinnert sich die Frau? – **2** Worauf warten die Leute? – **4** Woran denkt sie? – **5** Wofür lernt er? – **7** Woran nehmen sie teil? – **9** Wovon träumt sie?

Station 4

A
Mitglied – ehrenamtlich – hilft – Mitgliedsbeitrag

B
1 Ein Radio ist ein Gerät, mit dem man Musik hören kann.
2 Ein Spielplatz ist ein Platz, auf dem Kinder spielen.
3 Der Winter ist eine Jahreszeit, in der man warme Kleidung braucht.
4 Das Gymnasium ist eine Schule, auf der man Abitur machen kann.
5 Ein Sportwagen ist ein Wagen, mit dem man schnell fahren kann.

C
Durchwahl – spricht – sprechen – verbinden – verbunden – verwählt

D
eröffnen – kostet – Gebühren – Kreditkarte –kostenlos – Kreditkarte

E
Ich finde eine Haftpflichtversicherung wichtig, weil wir Kinder haben.
Die Krankenversicherung ist wichtig, weil einige Behandlungen beim Arzt sehr teuer sind.

F
gekauft – funktioniert – Quittung – Garantieschein

G
Beispiel:
1 Meine Freunde treffe ich zwei- bis dreimal in der Woche. – **2** Mit guten Freunden spreche ich über alles. – **3** Ich gehe gerne mit Freunden ins Kino oder auf Konzerte.

DTZ Sprechen

Teil 1
Beispiel:
- Wie heißen Sie? • Ich heiße Luis Fernandez.
- Wo sind Sie geboren? • Ich bin in La Paz, in Mexiko geboren.
- Wo wohnen Sie? • Ich wohne jetzt in Berlin.
- Was arbeiten Sie? • Ich bin Student. Ich studiere an der TU Berlin.
- Sind Sie verheiratet? • Nein, ich bin ledig.
- Haben Sie Kinder? • Nein, ich habe keine Kinder.
- Wie viele Geschwister haben Sie? • Ich habe drei Brüder.

Teil 2
Foto 1
Beispiel:

Auf dem Foto sehe ich eine Familie. Es ist vielleicht Wochenende. Sie sitzen im Garten. Die Familie sitzt am Tisch, sie essen zusammen. Auf dem Tisch stehen Teller, Besteck, Gläser eine Flasche Wein und Essen. Die Familie sieht fröhlich aus. Man kann ein Kind, die Großeltern und die Mutter sehen.

Foto 2
Beispiel:

Das Foto zeigt, wie ein Großvater mit seinem Sohn und seinem Enkelsohn Fußball spielen. Sie sind im Park. Die Sonne scheint. Sie machen Sport.

Teil 3

etwas vorschlagen:	Ich schlage vor, dass…
zustimmen:	Das ist eine gute Idee, wir können… – Ja, so machen wir es und… – Einverstanden.
ablehnen:	Das finde ich nicht so gut. Ich finde es besser, wenn… – Ich denke, dass das nicht so gut ist. Es ist besser, wenn…

Beispiel:

- Hallo Matthias, ich möchte gern ein Hoffest machen. Was denkst du, wann ist ein guter Termin?
- Hallo Larissa, ich denke, dass ein Freitag oder Samstag gut ist. Was hältst du von Samstag in zwei Wochen?
- Das ist eine gute Idee. Kannst du die Einladungen schreiben?
- Ja, das kann ich machen. Sollen wir die Einladungen in die Briefkästen werfen oder machen wir einen Aushang?
- Ich finde es besser, wenn wir einen Aushang machen. Wer kauft Essen und Getränke?
- Wir können in der Einladung schreiben, dass wir Bratwürste kaufen. Wir können die Nachbarn bitten, dass sie Getränke und Salat mitbringen.
- Wollen wir Musik hören?
- Ja, das ist eine gute Idee. Kannst du dich darum kümmern?
- Einverstanden. Super, ja so machen wir es.

Inhalt

 Mit der PagePlayer-App, die Sie kostenlos in Ihrem App-Store herunterladen können, haben Sie die Möglichkeit, alle Audios auf Ihr Smartphone oder Tablet zu laden. So sind alle Inhalte überall und jederzeit offline griffbereit.

Alternativ finden Sie diese im Webcodeportal unter **www.cornelsen.de/codes**

Neue Chancen

1 **Das Berufsinformationszentrum (BiZ). Ergänzen Sie.**

> bekommen • fragen • am Computer recherchieren • beraten • suchen

1 Im BiZ kann man Informationen über Berufe

....

2 Man kann sich .... lassen.

3 Man kann .... ,

welche freien Stellen es gibt.

4 Im BiZ kann man Stellen und Ausbildungsangebote

....

5 Man kann nach Fortbildungsmöglichkeiten

....

A   Ich interessiere mich für …

2 **Im Büro. Ergänzen Sie das Reflexivpronomen.**

1 ● Können wir .... morgen treffen? Wir müssen noch den Termin mit der
Firma Müller vorbereiten.

● Morgen kann ich leider nicht. Ich treffe .... mit den Kollegen aus Bamberg.

2 ● Ich habe gehört, dass du .... für die *MS Office* Fortbildung interessierst.

● Nein, ich kenne das Programm schon. Aber mein Mann interessiert .... für
die Fortbildung.

3 ● Du freust .... bestimmt sehr, dass du eine neue Arbeit gefunden hast, oder?

● Ja, ich fühle .... jetzt sehr gut. Viele Leute haben .... um die
Stelle beworben, aber ich habe sie bekommen!

◀)) **3a** **Hören Sie und kreuzen Sie an: Was ist richtig?**
2.02

Wo findest das Gespräch statt?

1 ☐ Das Gespräch findet in einer Firma statt.

2 ☐ Das Gespräch findet bei der Bundesagentur für Arbeit statt.

3b Hören Sie noch einmal. Was passt? Ordnen Sie zu.

1 Sie bewirbt sich um ——————— A ihre Berufschancen.

2 Sie informiert sich über ——————— B die Stelle bei Siemens.

3 Sie nimmt jetzt an C die Antwort von der Firma.

4 Sie interessiert sich für D eine Teilzeitstelle.

5 Sie wartet noch auf E einem Computerkurs teil.

4 Verben mit Präpositionen. Ergänzen Sie die Präpositionen.

1 • Unser Kurs endet bald. Hast du dich schon .... eine Stelle beworben?

• Nein, ich muss mich zuerst noch .... Kindergartenplätze für die Kinder informieren.

• Ja, das ist ein Problem. Deshalb interessiere ich mich auch nur .... eine Teilzeitarbeit.

2 In meinem Job muss ich oft .... Kunden telefonieren.

3 Nächste Woche gehe ich nicht in die Firma, ich nehme .... einem Kurs über neue Computerprogramme teil.

4 Es ist gut, dass ich mit meinen Kollegen .... Probleme sprechen kann.

5 Am Wochenende will ich nicht .... die Arbeit denken. Ich träume lieber

.... meinem nächsten Urlaub.

5 Was machen die Personen? Schreiben Sie Sätze wie im Beispiel.

| sich freuen • warten • | vom Urlaub • über das Geschenk • auf |
| sich ärgern • träumen | seine Freundin • über das Fußballspiel |

Das Kind freut sich über ....

....

....

6 *Sich freuen über* und *sich freuen auf*. Welche Präposition passt? Ergänzen Sie die Dialoge.

1 Danke, ich habe mich _____ die Einladung gefreut. Und ich freue mich schon sehr

_____ das Fest.

2 • Nächste Woche ziehen wir um. Freust du dich auch _____ die neue Wohnung?

   • Ja, aber ich freue mich nicht _____ den Umzug. Das ist immer viel Arbeit.

3 • Morgen gibt es Zeugnisse. Freust du dich _____ dein Zeugnis?

   • Ja, im letzten Jahr habe ich mich auch _____ mein Zeugnis gefreut.

B Etwas Neues lernen

7 Wiederholung: Nebensätze mit *weil*. Ergänzen Sie die Sätze wie im Beispiel.

> ~~Es bietet viele Kurse an.~~ • Ich möchte mehr über Computerprogramme lernen. •
> Ich möchte ein eigenes Geschäft eröffnen. • Er hat mich gut beraten. •
> Ich schreibe jeden Tag viele E-Mails. • Ich möchte meine Wohnung renovieren.

1 Ich finde das Kursprogramm interessant, *weil es viele Kurse anbietet* _____ .

2 Ich finde den Kurs *Existenz gründen* interessant, weil _____ .

3 Ich finde den Kurs *MS Office für Anfänger* interessant, weil _____ .

4 Ich finde den Kurs *Schreiben lernen* interessant, weil _____ .

5 Das Gespräch mit dem Arbeitsberater war gut, weil _____ .

6 Ich finde den Grundkurs *Heimwerken* gut, weil _____ .

8a Lesen Sie die Texte und notieren Sie. Welchen Beruf haben die Personen heute?

> *1 Herr Mazur arbeitet als ...*

Herr Mazur

Ich habe in Polen als Ingenieur gearbeitet. Aber in Deutschland habe ich keine Stelle bekommen, weil ich zu wenig Deutsch kann und zu wenige Computerkenntnisse habe. Ich fahre jetzt Taxi und verdiene genug Geld, aber ich möchte gern einen Computerkurs machen. Dann kann ich wieder in meinem alten Beruf arbeiten.

Frau Shobana

Ich kann jetzt keine Stelle suchen. Meine Kinder sind noch klein, sie sind noch im Kindergarten und ich bin Hausfrau. Aber ich möchte gern einen Kurs machen. Dann lerne ich Leute kennen und übe Deutsch. Vielleicht mache ich einen Tanzkurs, das macht mir Spaß und tut mir gut. Und wenn ich besser Deutsch kann, dann kann ich auch den Kindern besser in der Schule helfen.

Herr Dovic

Wir sind in eine neue Wohnung umgezogen. In der Wohnung muss ich noch viel renovieren und Handwerker sind sehr teuer. Deshalb möchte ich einen Heimwerkerkurs machen, dann kann ich vieles selbst machen. Ich bin Kellner, ich arbeite immer am Wochenende, aber am Montag und Dienstag habe ich frei. Dann kann ich zu Hause in der Wohnung arbeiten.

Frau Miller

Ich arbeite als Aushilfe in einem Autohaus. Ich mache nur einfache Arbeiten, ich bringe den Mitarbeitern im Haus ihre Post oder den Kunden Kaffee. Wenn ich besser Deutsch kann, dann kann ich auch eine bessere Stelle in der Firma bekommen. Ich möchte gern Sekretärin werden. Deshalb möchte ich jetzt einen Abendkurs machen.

8b **Lesen Sie die Texte aus 8a noch einmal. Was passt zusammen? Ordnen Sie zu.**

1 Herr Mazur fährt Taxi,
2 Herr Mazur möchte eine Fortbildung machen,
3 Frau Shobana möchte einen Kurs machen,
4 Herr Dovic möchte einen Heimwerkerkurs machen,
5 Herr Dovic möchte selbst renovieren,
6 Frau Miller möchte einen Kurs machen,

A damit er seine Wohnung selbst renovieren kann.
B damit er Geld verdient.
C damit sie Leute kennenlernt.
D damit er nicht so viel Geld ausgeben muss.
E damit sie in der Firma eine bessere Stelle bekommt.
F damit er wieder als Ingenieur arbeiten kann.

9 **Familie Su. Ergänzen Sie die Sätze.**

1 damit – sie – kann – kochen – für ihren Besuch

Frau Su arbeitet am Montag nicht, ...

2 damit – er – mitbringt – noch Salz

Sie ruft ihren Mann an, ...

3 er – bringen – zum Nähkurs – kann – damit – seine Tochter

Herr Su arbeitet am Dienstag nur bis 15 Uhr, ...

4 sie – kennenlernt – die Lehrer – damit

Frau Su geht zum Elternabend, ...

5 nicht allein – die Kinder – damit – sind

Herr Su bleibt zu Hause, ...

6 Freunde – damit – besuchen – sie – kann

Familie Su fährt nach Bonn, ...

10 Wozu machen die Personen das? Schreiben Sie Sätze mit *damit* in Ihr Heft.

1 Sie macht einen Sportkurs. Sie bleibt fit.
2 Er sieht deutsches Fernsehen. Er lernt schneller Deutsch.
3 Ich kaufe meinem Sohn einen Computer. Er kann programmieren lernen.
4 Sie machen eine Fortbildung. Sie haben bessere Berufschancen.
5 Er macht den Führerschein. Er kann mit dem Auto zur Arbeit fahren.
6 Wir schreiben alle Wörter ins Heft. Wir vergessen sie nicht.

Sie macht einen Sport-kurs, damit ...

11a *Weil* oder *damit*? Ergänzen Sie die Sätze.

1 Er arbeitet, ... er Geld verdient.

   Er arbeitet, ... er Geld braucht.

2 Sie kocht, ... sie Gäste zum Abendessen eingeladen hat.

   Sie kocht, ... die Gäste ein schönes Abendessen bekommen.

3 Die VHS bietet Deutschkurse an, ... viele Leute Deutsch lernen wollen.

   Die VHS bietet Deutschkurse an, ... viele Leute Deutsch lernen können.

11b *Warum* oder *Wozu*? Schreiben Sie Fragen und Antworten zu den Sätzen aus 11a wie im Beispiel in Ihr Heft.

1 Wozu arbeitet er? – Damit er Geld verdient.
Warum arbeitet er? – Weil er Geld braucht.

12 Ergänzen Sie die Sätze.

1 sein - sie - pünktlich bei der Arbeit / am Wochenende - sie - viel einkaufen.

   Frau Marx braucht ein Auto, damit *sie pünktlich bei der Arbeit ist.*

   Frau Marx braucht ein Auto, weil *sie ....*

2 geben – es – keine Unfälle / am Wochenende – viele Leute – fahren – mit dem Auto

   Die Polizisten kontrollieren den Verkehr, damit ....

   Die Polizisten kontrollieren den Verkehr, weil ....

3 kommen – in die Stadt – schnell – er / haben – keinen Führerschein – er

   Er hat eine Monatskarte für den Zug, damit ....

   Er hat eine Monatskarte für den Zug, weil ....

4 können – studieren – Medizin – sie / wollen – Medizin – studieren – sie

   Paulina will das Abitur machen, damit ....

   Paulina will das Abitur machen, weil ....

C Sich für einen Kurs anmelden

13 **Kreuzen Sie an. Was bedeuten die markierten Wörter?**

1 Frau Moreno will heute bei der VHS vorbeikommen.

☐ zur VHS gehen ☐ nicht zur VHS gehen

2 Sie möchte sich für den Kochkurs anmelden.

☐ sich informieren ☐ sagen, dass sie an dem Kochkurs teilnehmen will

3 Der Kochkurs findet immer am Freitagabend statt.

☐ fängt … an ☐ ist

4 Der Kochkurs fängt um 18 Uhr an.

☐ beginnt ☐ endet

5 Sie nimmt am Kochkurs teil.

☐ den Kurs machen ☐ über den Kurs sprechen

14 **Textkaraoke. Hören, lesen und sprechen Sie die 👄-Rolle im Dialog.**

2.03

👂 …

👄 Guten Tag, mein Name ist… Ich interessiere mich für den Computerkurs am Donnerstag.

👂 …

👄 Ist am Dienstag nicht der Kurs für Anfänger? Ich möchte einen Kurs für Fortgeschrittene machen.

👂 …

👄 Dann möchte ich mich gern für diesen Kurs anmelden. Kann ich das telefonisch machen?

👂 …

👄 Gut, dann komme ich gleich vorbei. Danke schön.

👂 …

15 **Schreiben Sie einen Dialog in Ihr Heft. Die Dialoggrafik hilft.**

- Kurs *Deutsch für den Beruf.*
  - Montag oder Donnerstag?
- Montag anmelden / wo?
  - im Internet oder im Büro
- Adresse vom Büro?
  - Yorkstraße 135
- Entschuldigung / buchstabieren
  - gern…
- Danke / Auf Wiederhören

• Guten Tag, mein Name ist …

16a Wann beginnen die Kurse? Hören Sie und notieren Sie den Kurs und die Uhrzeit.

2.04

MAI	
3 Montag	**10** Montag
4 Dienstag	**11** Dienstag
5 Mittwoch	**12** Mittwoch
6 Donnerstag	**13** Donnerstag
7 Freitag	**14** Freitag

16b Hören Sie den Dialog und kreuzen Sie an: Was passt?

2.05

1 Herr Bielski macht jetzt einen Sprachkurs.   R ☐   F ☐

2 Was muss Herr Bielski machen?
  A ☐ In der Sprachschule vorbeikommen.
  B ☐ Sich online anmelden.
  C ☐ Am Donnerstag zum Kurs kommen.

17a Schreibtraining. Umlaute. Korrigieren Sie die Sätze und ergänzen Sie die Punkte für die Umlaute (ä, ö, ü).

Fehler +++ Fehler +++ Fehler

1 Er mochte ein Geschaft eroffnen und macht einen Existenzgrunderkurs.
2 Ich mache jetzt einen Nahkurs fur Anfanger.
3 Im BiZ kann man Broschuren lesen und sich über Fordermoglichkeiten informieren.
4 Das Buro hat am Vormittag immer von 9.00 bis 11.00 Uhr geoffnet.
5 Er arbeitet als Taxifahrer. Er hat einen Fuhrerschein und einen Personenbeforderungsschein.

17b Groß- und Kleinschreibung. Schreiben Sie die E-Mail richtig in Ihr Heft.

Fehler +++ Fehler +++ Fehler

sehrgeehrtedamenundherren,
ichinteressieremichfürihrenexistenzgründerkurs. ichmöchtemeineigenesgeschäfteröffnen.
könnensiemirmitteilen, wanndieterminesindundwievielderkurskostet?
vielendankfürihreantwort.
mitfreundlichengrüßen

Sehr geehrte Damen ...

18 Sehen Sie die Fotos an. Wie heißen die Hobbys? Schreiben Sie.

....

....

19a Menschen und ihre Hobbys. Lesen Sie den Text und ergänzen Sie die Tabelle.

MEIN HOBBY

Ulf Stein: Mein Hobby sind Apfelbäume. Ich brauche für mein Hobby einen Garten und Werkzeug, ein wichtiges Werkzeug ist z. B. die Baumschere. Aber das Wichtigste ist die Pflege der Bäume. Man muss die Apfelsorten gut kennen und richtig pflegen. Dann kann man im Herbst viele gute Äpfel ernten.

Mario Fiore: Mein Hobby ist das Trommeln. Ich baue selber Drums. Man braucht dafür kein besonderes Material, man kann z. B. eine Mülltonne, einen Karton oder eine Dose nehmen. Wichtig ist, dass der Klang gut und interessant ist. Aber ich baue nicht nur die Drums, ich trommle auch gern. Wenn man richtig gut sein will, muss man natürlich auch sehr viel üben und verschiedene Sachen ausprobieren.

Maja Anan: Mein Hobby ist das Kartenspielen. Am Wochenende machen meine Freunde und ich oft einen gemütlichen Spieleabend. Wir brauchen nicht viel: mindestens drei Personen, Karten und etwas zu trinken. Am wichtigsten ist, dass man Spaß hat. Wenn einer nicht verlieren kann, sollte er lieber nicht mitspielen.

	Was ist sein/ihr Hobby?	Was braucht er/sie?	Was ist besonders wichtig?
Ulf Stein			
Mario Fiore			
Maja Anan			

19b Was ist Ihr Hobby? Was brauchen Sie für Ihr Hobby? Arbeiten Sie mit dem Wörterbuch und machen Sie Notizen.

19c Schreiben Sie dann einen Text über Ihr Hobby wie in 19a.

sich informieren (über) ....

Erfahrungen machen ....

A Ich interessiere mich für …

der/die Arbeitsberater/in, -/-nen ....

die Fortbildung, -en ....

die Förderung, -en ....

die Möglichkeit, -en ....

der Berufsabschluss, "-e ....

an}erkennen ....

die Computerkenntnisse, Pl. ....

finanzieren ....

aktuell ....

teil}nehmen (an) ....

sich bewerben (um) ....

sich interessieren (für) ....

sich ärgern (über) ....

denken (an) ....

sich freuen (auf/über) ....

warten (auf) ....

träumen (von) ....

sprechen (über) ....

telefonieren (mit) ....

damit ....

B Etwas Neues lernen

die Weiterbildung, -en ....

der/die Anfänger/in,-/-nen ....

der/die Fortgeschrittene, -n/-n ....

die Dauer, Sg. ....

die Gebühr, -en ....

die Materialkosten, Pl. ....

beruflich ....

handwerklich ....

bohren ....

nähen ....

die Grundkenntnisse, Pl. ....

der Schwerpunkt, -e ....

die Besprechung, -en ....

die Selbstständigkeit, Sg. ....

der Existenzgründerkurs,-e ....

unsicher ....

der Arbeitsmarkt, Sg. ....

C Sich für einen Kurs anmelden

sich anmelden (für) ....

das Kursangebot, -e ....

jederzeit ....

die Doppelstunde, -en ....

die Voraussetzung, -en ....

die Online-Anmeldung, -en ....

Gern geschehen! ....

vorbei}kommen ....

an}bieten ....

die Privatschule, -n ....

das Schwarze Brett ....

die Kenntnisse, Pl. ....

die Fähigkeit, -en ....

das Plakat, -e ....

1a Suchen Sie die Wörter in der Wortliste, ergänzen Sie die Präpositionen und schreiben Sie Lernkarten.

> telefonieren • träumen • warten • sich freuen •
> sprechen • denken • sich interessieren •
> sich bewerben • teilnehmen • sich informieren •
> sich ärgern

telefonieren mit _____

_____

_____

1b Schreiben Sie Sätze mit den Wörtern aus 1a.

sich ärgern über _____

Ich ärgere mich über das schlechte Essen in der Kantine.

teilnehmen an _____

Sie nimmt an einem Kurs teil.

2 Was bedeuten die Wörter? Ergänzen Sie die Wörter.

> Existenzgründerkurs • Fortgeschrittene • Anfänger • Online-Anmeldung •
> Kursangebot • Arbeitsmarkt • Voraussetzung • Förderung • Fortbildung

1 Bei einer _____ kann man etwas für den Beruf lernen.

2 Wenn man etwas neu lernt, ist man _____.

3 Manchmal kann man für eine Fortbildung eine finanzielle _____ bekommen.

4 Für den Kurs ist auch eine _____ möglich. Man muss nicht vorbeikommen.

5 _____ für den Führerschein ist ein Erste-Hilfe-Kurs.

6 Wenn man einen Computerkurs für _____ machen will, braucht man Grundkenntnisse.

7 Volkshochschulen haben ein großes _____.

8 Mit einer Fortbildung sind die Chancen auf dem _____ oft besser.

9 Wenn man ein Geschäft eröffnen will, kann man einen _____ machen.

◀)) 2.06 **3** Wörter hören und nachsprechen. Hören Sie zu und sprechen Sie nach.

1 die Chance – die Weiterbildung – die Computerkenntnisse
2 die Arbeitsberaterin – die Fortbildung – die Förderung
3 sich interessieren für – sich bewerben um – sich freuen auf – sich ärgern über
4 vorbeikommen – sich anmelden – teilnehmen – anbieten

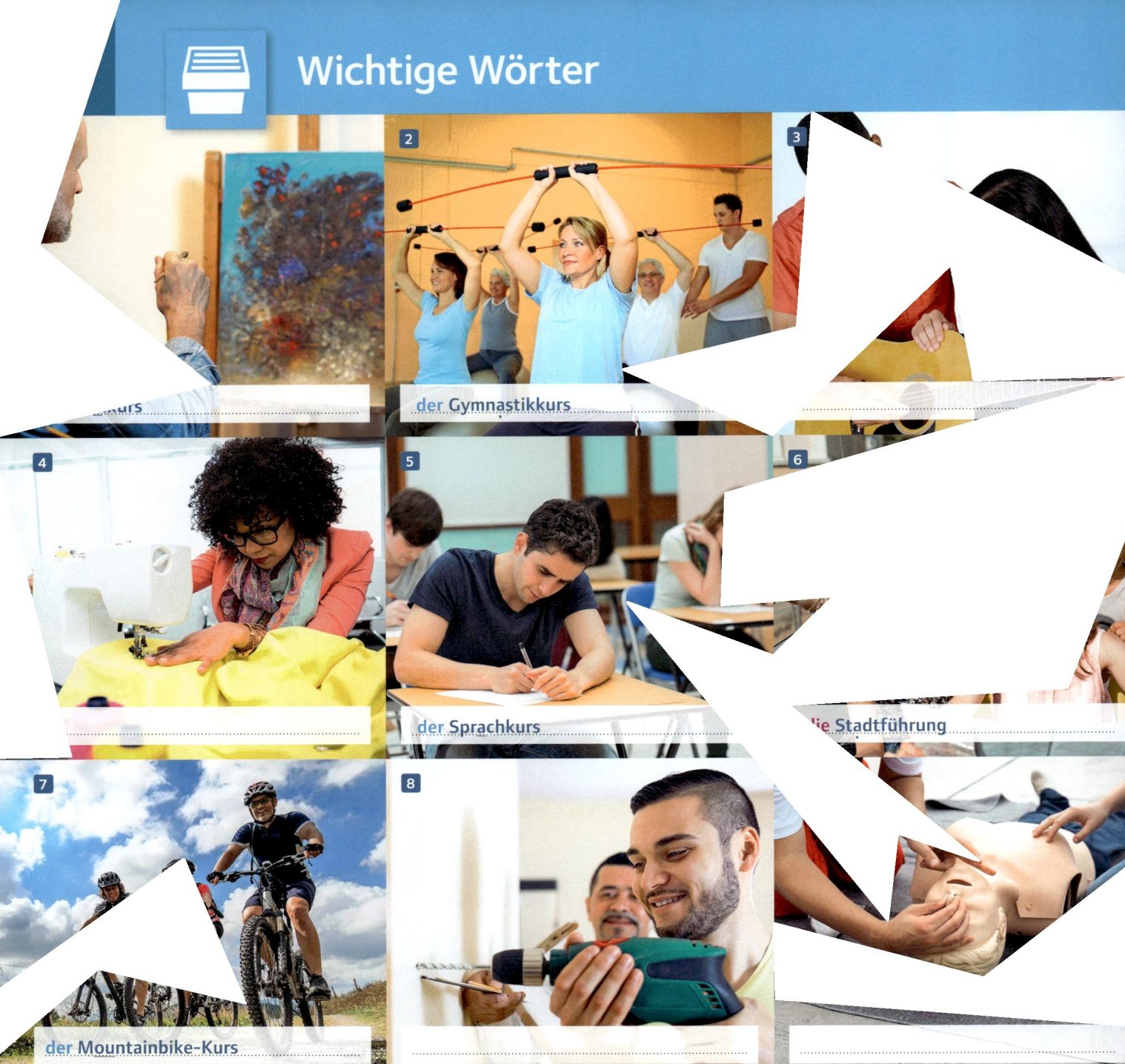

der Gymnastikkurs

der Sprachkurs

die Stadtführung

der Mountainbike-Kurs

4 Ergänzen Sie die Wörter mit Artikel.

🔊 2.07 **5** Hören Sie die Wörter und sprechen Sie sie nach.

🔊 2.08 **6a** Hören Sie die Dialoge. Welche Kurse machen die Personen? Warum? Machen Sie Notizen.

	Mario:	Carla:	Jack:	Michaela:
Kurse?				
Warum?				

der Schauspielkurs   ....

die Fahrschule   der Fotografie-Kurs   .... Yoga-Kurs

FAHRSCHULE

2.08 **6b** Hören Sie noch einmal. Wozu machen die Personen die Kurse? Vergleichen Sie im Kurs.

sich entspannen • gut fühlen • zusammen mit dem Sohn Gitarre spielen können •
neue Ideen bekommen • nachdenken

Mario macht den Kurs, damit...

Carla will sich in dem Kurs entspannen.

7 Welche Kurse wollen Sie machen? Wozu? Schreiben Sie in Ihr Heft.

Gesund leben

1 Zu welchem Thema passen die Wörter? Ordnen Sie zu. Einige Wörter passen zu zwei Themen.

> sich entspannen • zu Mittag essen • sich bewegen • im Garten arbeiten •
> zunehmen • Stress haben • gemütlich zusammensitzen • sich gesund ernähren •
> Kollegen im Café treffen • abnehmen • fit sein • die Muskeln trainieren •
> Sorgen haben • im Stau stehen • Gymnastik machen • frühstücken •
> joggen gehen • in der Kantine essen • Fußball spielen • sich mit Freunden unterhalten

Sport

Beruf

Freizeit

Ernährung

2a Lesen Sie die Sätze und ordnen Sie sie den Fotos zu.

 A
 B
 C
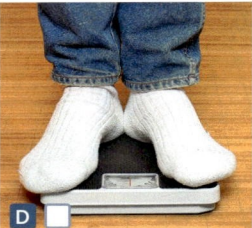 D

1 Ich entspanne mich sehr gut, wenn ich im Garten arbeite.

2 Ich kaufe viel frisches Obst und Gemüse, damit sich unsere Kinder gesund ernähren.

3 Ich bewege mich zu wenig. Ich muss wieder mehr Sport machen.

4 Ich habe einen Monat Diät gemacht und ich habe vier Kilo abgenommen.

2b Was passt? Ordnen Sie die Sätze zu.

1 Für mich ist wichtig,
2 Wenn ich mich bewegen möchte,
3 Ich möchte gerne mehr Sport machen,
4 Ich esse viel Salat,
5 Zur Entspannung

A weil ich mich gesund ernähren möchte.
B dass ich mich gesund ernähre.
C mache ich gern Yoga und trinke Tee.
D aber ich habe einfach keine Zeit.
E dann gehe ich joggen.

2c Schreiben Sie Sätze mit den markierten Verben aus 2a in Ihr Heft.

1 Ich entspanne mich gut, wenn ich ...

A In der Arztpraxis

3 Zu welchem Arzt gehen Sie wann? Ordnen Sie zu und schreiben Sie Sätze mit *wenn*.

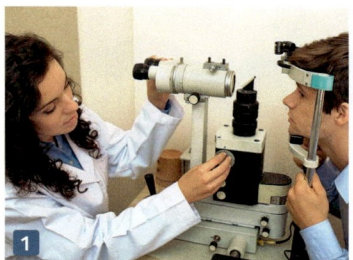 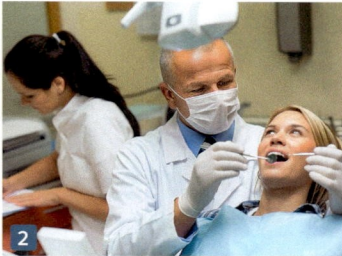 

☑ eine Impfung brauchen • ☐ eine neue Brille brauchen • ☐ Blut abnehmen lassen •
☐ Zahnschmerzen haben • ☐ eine Verletzung am Auge haben •
☐ meine Zähne kontrollieren lassen • ☐ meine Augen kontrollieren lassen

Wenn ich eine Impfung brauche, dann gehe ich zum ...

4 Beim Arzt. Hören Sie die zwei Gespräche und kreuzen Sie an: Was ist richtig?

2.09

1 Die Arzthelferin soll …
  A ☐ ein Rezept für ein Medikament geben.
  B ☐ einen neuen Termin geben.
  C ☐ den Blutdruck messen.
  D ☐ Blut abnehmen.
  E ☐ gegen Tetanus impfen.

2 Die Arzthelferin hat schon …
  A ☐ Blut abgenommen.
  B ☐ den Blutdruck gemessen.
  C ☐ die Brille kontrolliert.
  D ☐ die Augen kontrolliert.
  E ☐ ein Rezept gegeben.

5 Ein Arztbesuch. Ergänzen Sie die Wörter.

wei Ü sung ber • schrei Krank bung • ken se Kran kas •
sund kar te heits Ge • heft nus Bo

1 Wenn man zum Arzt geht, braucht man die ....

2 Wenn man krank ist, bekommt man vom Arzt eine .... für den Arbeitgeber.

3 Die Gesundheitskarte bekommt man von der ....

4 Die Zahnkontrollen trägt der Zahnarzt in das .... ein. Wenn man regelmäßig
   die Zähne kontrollieren lässt, bekommt man von der Krankenkasse einen Bonus.

5 Wenn der Hausarzt einen Patienten zu einem Facharzt schickt, schreibt er eine

   ....

◀)) 2.10 **6** Beim Gesundheits-Check. Ergänzen Sie den Dialog. Kontrollieren Sie dann mit dem Hörtext.

> Ich habe die Impfung doch schon beim letzten Mal bekommen. • Es geht, ich fahre manchmal Fahrrad, aber ich habe nicht so viel Zeit. • Ach ja. Dann lasse ich mir einen Termin geben. Vielen Dank. • Nein, ich habe keine Probleme, ich möchte nur einmal alles kontrollieren lassen. • Ja, hier bitte. • Guten Tag. Danke.

• Guten Tag, bitte nehmen Sie Platz.

• ....

• Sie kommen für den Gesundheits-Check. Haben Sie gesundheitliche Beschwerden?

• ....

• Gut, das ist vernünftig. Bewegen Sie sich regelmäßig?

• ....

• Die Ergebnisse von der Laboruntersuchung sind in Ordnung: Die Blutwerte und Cholesterinwerte sind normal. Haben Sie Ihren Impfpass dabei?

• ....

• Gut, die Impfungen sind fast komplett. Wir müssen nur noch einmal gegen Tetanus impfen. Bitte lassen Sie sich einen Termin geben.

• ....

• Nein, das war die Impfung gegen Tuberkulose, jetzt müssen wir Sie noch gegen Tetanus impfen.

• ....

7a Komposita. Ergänzen Sie die Artikel.

1	der Arzt	+	die Helferin	→	.... Arzthelferin
2	das Blut	+	der Druck	→	.... Blutdruck
3	die Gesundheit	+	der Check	→	.... Gesundheits-Check
4	das Labor	+	die Untersuchung	→	.... Laboruntersuchung
5	die Vorsorge	+	die Untersuchung	→	.... Vorsorgeuntersuchung
6	das Blut	+	die Werte (Pl.)	→	.... Blutwerte (Pl.)
7	das Cholesterin	+	die Werte (Pl.)	→	.... Cholesterinwerte (Pl.)
8	die Gesundheit	+	die Untersuchung	→	.... Gesundheitsuntersuchung

◀)) 2.11 **7b** Hören und markieren Sie den Wortakzent bei den Komposita in 7a. Hören Sie dann noch einmal und sprechen Sie nach.

8 Mit Kindern beim Arzt. Lesen Sie die Texte und kreuzen Sie an: Richtig oder falsch?

www.umfrage-kinderarzt.de

Sind Sie zufrieden mit Ihrem Kinderarzt?

Sara Matuzek
Heute, 21.34

Ich habe jetzt einen sehr guten Kinderarzt. Er ist ganz in der Nähe, das finde ich wichtig. Denn wenn ein Kind krank ist, ist es nicht gut, wenn man erst lange mit dem Auto oder mit öffentlichen Verkehrsmitteln fahren muss. Der Arzt kennt meinen Sohn jetzt auch schon sehr gut, weil ich alle Vorsorgeuntersuchungen bei ihm machen lasse.

Bianca Tiriac
Heute, 19.12

Meine Kinderärztin hat eine schöne, helle Praxis und hat gute Spielsachen. Das ist auch wichtig, denn manchmal muss man warten. Aber oft geht es schnell, es sind nicht zu viele Patienten zur gleichen Zeit da. Natürlich passiert es immer wieder, dass es einen Notfall gibt und dann muss man doch warten. Das ist ja auch richtig, wenn ich mit meinem Kind einen Notfall habe, möchte ich auch schnell zur Ärztin kommen können.

Michael Weiss
Heute, 13.07

Ja, ich bin jetzt zufrieden mit meinem Arzt. Aber ich habe auch lange gesucht. Ich finde, dass die meisten Ärzte nicht genug Zeit haben. Alles muss immer schnell gehen. Oft bekommt man nur schnell ein Rezept, aber ich möchte nicht nur ein Medikament bekommen. Ich möchte, dass mir der Arzt erklärt, was ich tun soll und mir vielleicht auch noch ein paar Tipps gibt.

		R	F
1	Sara findet einen kurzen Weg zum Arzt wichtig.	☐	☐
2	Sara lässt die Vorsorgeuntersuchungen bei einem anderen Arzt machen.	☐	☐
3	Bianca gefällt die Praxis von der Kinderärztin.	☐	☐
4	Bianca findet es richtig, dass sie manchmal beim Arzt warten muss.	☐	☐
5	Michael findet, dass die Ärzte nicht genug Medikamente verschreiben.	☐	☐
6	Michael ist schon lange bei dem Kinderarzt.	☐	☐

B   Medikamente

9   In der Apotheke. Was passt zusammen? Ordnen Sie zu.

1 Wie oft muss ich die Tabletten einnehmen?

2 Was kostet das Medikament?

3 Guten Tag, haben Sie dieses Medikament?

4 Wann kann ich das Medikament abholen?

5 Haben die Tabletten Neben- wirkungen?

A Nein, tut mir leid, das muss ich erst bestellen.

B Heute Nachmittag ab 16 Uhr.

C Dreimal täglich vor dem Essen.

D Sie müssen das Medikament nicht komplett bezahlen. Sie müssen nur die Zuzahlung von 7 Euro zahlen.

E Selten sind Kopfschmerzen die Nebenwirkungen.

◀))) **10** Textkaraoke. Hören, lesen und sprechen Sie die 👄-Rolle im Dialog.
2.12

👂 …

👄 Ich habe starken Husten.

👂 …

👄 Nein, noch nicht. Können Sie mir Medikamente empfehlen?

👂 …

👄 Haben die Tabletten Nebenwirkungen?

👂 …

👄 Und wie oft muss ich die Tabletten einnehmen?

👂 …

👄 Gut. Vielen Dank, die nehme ich.

👂 …

◀))) **11a** Die Hausapotheke. Hören Sie das Interview und kreuzen Sie an.
2.13

1 Was benutzt Frau Schneider gegen Schnupfen?

A ☐   B ☐   C ☐   D ☐

2 Was braucht Herr Tanager, wenn die Kinder Fieber haben?

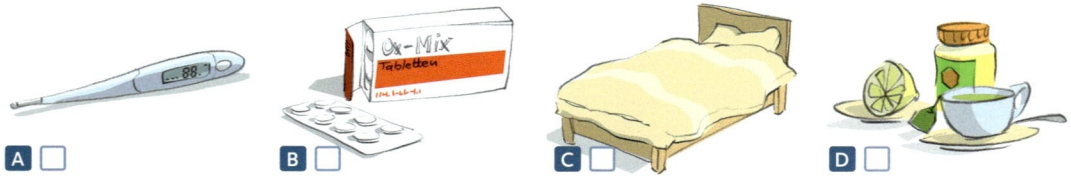

A ☐   B ☐   C ☐   D ☐

11b Was sollte Frau Schneider immer in ihrer Hausapotheke haben? Schreiben Sie Sätze wie im Beispiel.

1   2   3   4   5

1 Frau Schneider sollte eine Pinzette in ihrer Hausapotheke haben.

C Ernährung und Gesundheit

12 Welche Nahrungsmittel essen Sie wann? Was essen und trinken Sie oft zum Frühstück,
zum Mittagessen und zum Abendessen? Schreiben Sie Sätze.

Frühstück	Mittagessen	Abendessen
Milchprodukte: ...	Fisch: ...	Obst: Äpfel, ...

> Zum Frühstück esse ich viele
> Milchprodukte. Ich esse oft ...

13a Was bedeuten die Wörter? Ergänzen Sie.

> verzichtet • Vegetarier • Nahrungsmittel • Veganer • Milchprodukte • etwas ablehnen

1 .... essen kein Fleisch und keinen Fisch.

2 .... essen kein Fleisch, keinen Fisch, kein Ei und keine Milchprodukte.

3 Käse, Butter, Joghurt und Quark sind ....

4 Wenn man etwas mag, aber man es nicht nimmt, dann .... man auf
etwas.

5 Alles, was man essen kann, nennt man ....

6 Gegen etwas sein, bedeutet ....

13b Lesen Sie das Interview und ergänzen Sie die Wörter aus 13a.

> ▶ Herr Weber, warum essen Sie kein Fleisch?
>
> ● *Ich habe früher gerne Fleisch gegessen. Aber dann habe ich im Fernsehen eine
> Sendung über Tierhaltung gesehen. Mir tun die Tiere leid. Ich*
>
> .... *diese Tierhaltung* .... *. Und deshalb*
>
> .... *ich jetzt auf alle Fleischprodukte.*
>
>
> Anton Weber, 27
>
> ▶ Denken Sie, dass Ihnen jetzt etwas fehlt in der Ernährung?
>
> ● *Nein, ich glaube nicht, dass man unbedingt Fleisch oder Fisch essen muss. Es gibt viele andere gesunde*
>
> .... *. Ich esse gern Käse oder Joghurt, also viele* .... *.*
>
> ▶ Und wie ist es in Ihrer Firma? Gibt es in der Kantine auch vegetarisches Essen?
>
> ● *Ja, jeden Tag gibt es ein Essen für* .... *.*
>
> ▶ Und gibt es auch schon Angebote für ....?
> ● *Nein, veganes Essen gibt es nur selten.*

◀)) 2.14 **14a** Ratschläge. Hören Sie das Interview. Wer sagt was? Ordnen Sie zu.

 A Frau Nerval
 B Herr Bruckstätter
 C Frau Mangelsdorff

☐ Bewegung ist wichtig für die Gesundheit • ☐ Das Essen sollte nicht zu fett sein. •
☐ Eine Tasse Kaffee am Morgen ist wichtig. • ☐ Der Körper braucht Vitamine. •
☐ Die Luft ist gesund. • ☐ Das Leben in der Stadt ist hektisch.

◀)) 2.14 **14b** Nebensätze mit *dass*. Hören Sie noch einmal und ergänzen Sie die Sätze aus 14a.

1 Frau Nerval sagt, dass ....

2 Frau Nerval sagt, dass ....

3 Herr Bruckstätter sagt, dass ....

4 Herr Bruckstätter sagt, dass.. .

5 Frau Mangelsdorff sagt, dass ....

6 Frau Mangelsdorff sagt, dass ....

15a Schreibtraining. Lesen und ergänzen Sie den Entschuldigungsbrief.

Liebe Frau Nesta,   Steinfurt, den 26.04.2016

seit gestern habe ich starke Kopfschmerzen und heute ha *b e* ich auch noch Fie _ _ _
bekommen. Ich war be _ _ Hausarzt und er ha_ mich für drei Ta _ _ krankgeschrieben.
Ich frage Bilkay Fahimi, welche Hausau _ _ _ _ _ _ wir machen sollen. Sie hil _ _ mir
bestimmt.
Bitte entsch _ _ _ _ _ _ _ Sie mein Fehlen. Ic _ hoffe, dass ich a _ Donnerstag wieder
in de _ Kurs kommen kann.

Vie _ _ Grüße

Maria Clemente

15b Schreiben Sie einen Entschuldigungsbrief in Ihr Heft. Variieren Sie die Wörter in Blau.

Lieber Herr Neumann, ...

16a Zutaten für Maultaschen. Was ist was? Ordnen Sie die Fotos zu.

MAULTASCHEN —
eine schwäbische Spezialität

Zutaten
Für den Teig:
- ✔ 300 g Mehl
- ✔ etwas Salz
- ✔ 2 Eier
- ✔ 5 Esslöffel Wasser
- ✔ 1 Esslöffel Öl

Für die Füllung:
- ✔ ½ Packung Spinat (Tiefkühlspinat)
- ✔ 250 g Brät oder Mett oder Hackfleisch
- ✔ 1 Ei
- ✔ 1 Zwiebel
- ✔ 2 Esslöffel Paniermehl
- ✔ Salz und Pfeffer und etwas Muskat
- ✔ 1 Bund Petersilie

16b Lesen Sie das Rezept und ordnen Sie die Überschriften zu.

☐ Maultaschen machen: • ☐ Maultaschen essen: • ☐1 Den Teig machen: •
☐ Maultaschen variieren: • ☐ Die Füllung machen:

1. Mehl, Salz, zwei Eier, Wasser und Öl mischen und intensiv kneten, damit ein glatter Nudelteig entsteht.

2. Den Spinat auftauen und dann fein hacken. Die Zwiebel schälen und zusammen mit der Petersilie fein hacken. Dann in eine Pfanne mit heißem Öl geben. Die Zwiebel nur glasig anbraten und nicht braun anbraten. Spinat, Fleisch, Ei, Zwiebel, Petersilie, Muskat und Paniermehl gut vermischen.

3. Den Nudelteig ausrollen und in kleine Rechtecke schneiden (ca. 7 cm x 7 cm). Mit einem Löffel etwas von der Füllung auf ein Rechteck geben. Ein zweites Rechteck darüberlegen und gut andrücken. Es darf keine Luft in der Maultasche sein. Die Maultaschen in kochendes Salzwasser geben und ungefähr 20 Minuten bei kleiner Hitze im Wasser ziehen lassen. Das Wasser darf nicht mehr sprudelnd kochen.

4. Maultaschen gibt es mit vielen verschiedenen Füllungen: Für Vegetarier z. B. mit Quark oder Frischkäse und für Veganer mit Tofu und Pilzen. Probieren Sie es einfach aus!

5. Sie können die Maultaschen entweder in einer Brühe essen, in Öl anbraten oder mit Käse überbacken.

Guten Appetit!

Sorgen haben ....

sich entspannen ....

sich bewegen ....

sich ernähren ....

abnehmen ....

zunehmen ....

schlank sein ....

dick sein ....

schlechte Luft ....

das Fitnesscenter, - ....

trainieren ....

die Entspannung, Sg. ....

A In der Arztpraxis

Platz nehmen ....

der/die Arzthelfer/-in, -/-nen...................................

die Beschwerde, -n ....

die Krankheit, -en ....

den Blutdruck messen ....

Blut abnehmen ....

impfen (gegen) ....

den Oberkörper frei machen ....

verschreiben ....

vereinbaren ....

der Gesundheits-Check, -s ....

die Laboruntersuchung, -en ....

die Vorsorgeuntersuchung, -en...................................

das Ergebnis, -se ....

in Ordnung ....

vernünftig ....

die Blutwerte, Pl. ....

hoch ....

B Medikamente

die Magenschmerzen, Pl. ....

einnehmen ....

der Beipackzettel, - ....

die Nebenwirkungen, Pl. ....

empfindlich ....

empfehlen ....

wieso ....

die Hausapotheke, -n ....

der Verband, "-e ....

das Pflaster, - ....

der Durchfall, Sg. ....

die Schere, -n ....

die Salbe, -n ....

die Nasentropfen, Pl. ....

die Spritze, - en ....

C Ernährung und Gesundheit

die Ernährung, Sg. ....

das Vitamin, -e ....

die Getreideprodukte, Pl. ....

vermeiden ....

verzichten (auf) ....

das Fett, -e ....

die Süßigkeiten, Pl. ....

schaden ....

fettarm ....

1 **Wie heißt das Gegenteil? Ordnen Sie zu.**

1 abnehmen
2 sich entspannen
3 sich gesund ernähren
4 sich bewegen
5 sich krank fühlen
6 schaden

A Stress haben
B gut sein für etwas
C fit sein
D keinen Sport machen
E zunehmen
F ungesund essen

2a **Beim Arzt und in der Apotheke. Welches Verb passt? Ergänzen Sie.**

> nehmen • impfen • abnehmen • untersuchen • messen •
> geben • verschreiben • bezahlen • haben • messen

1 gegen Grippe ....
2 Halstabletten ....
3 ein Medikament ....
4 eine Spritze ....
5 eine Gebühr ....

6 die Augen ....
7 Blut ....
8 Blutdruck ....
9 Nebenwirkungen ....
10 Fieber ....

2b **Schreiben Sie Sätze mit den Wörtern aus 2a.**

1 Der Arzt impft den Jungen gegen Grippe.

3 **Wie heißen die Wörter aus der Hausapotheke? Schreiben Sie die Wörter mit Artikel.**

> mittel • thermometer • Brand • Fieber • Nasen • salbe • tropfen • Schmerz

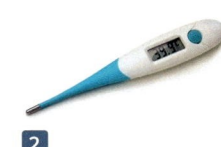

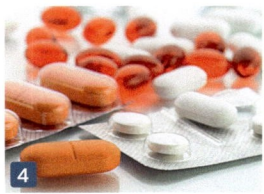

....

🔊 2.15 **4** **Wörter hören und nachsprechen. Hören Sie zu und sprechen Sie nach.**

1 das Fitnesscenter – der Gesundheits-Check – die Vorsorgeuntersuchung
2 der Beipackzettel – die Nebenwirkungen – die Hausapotheke
3 die Tablette – die Schere – die Salbe – die Spritze
4 die Milchprodukte – die Getreideprodukte – die Süßigkeiten

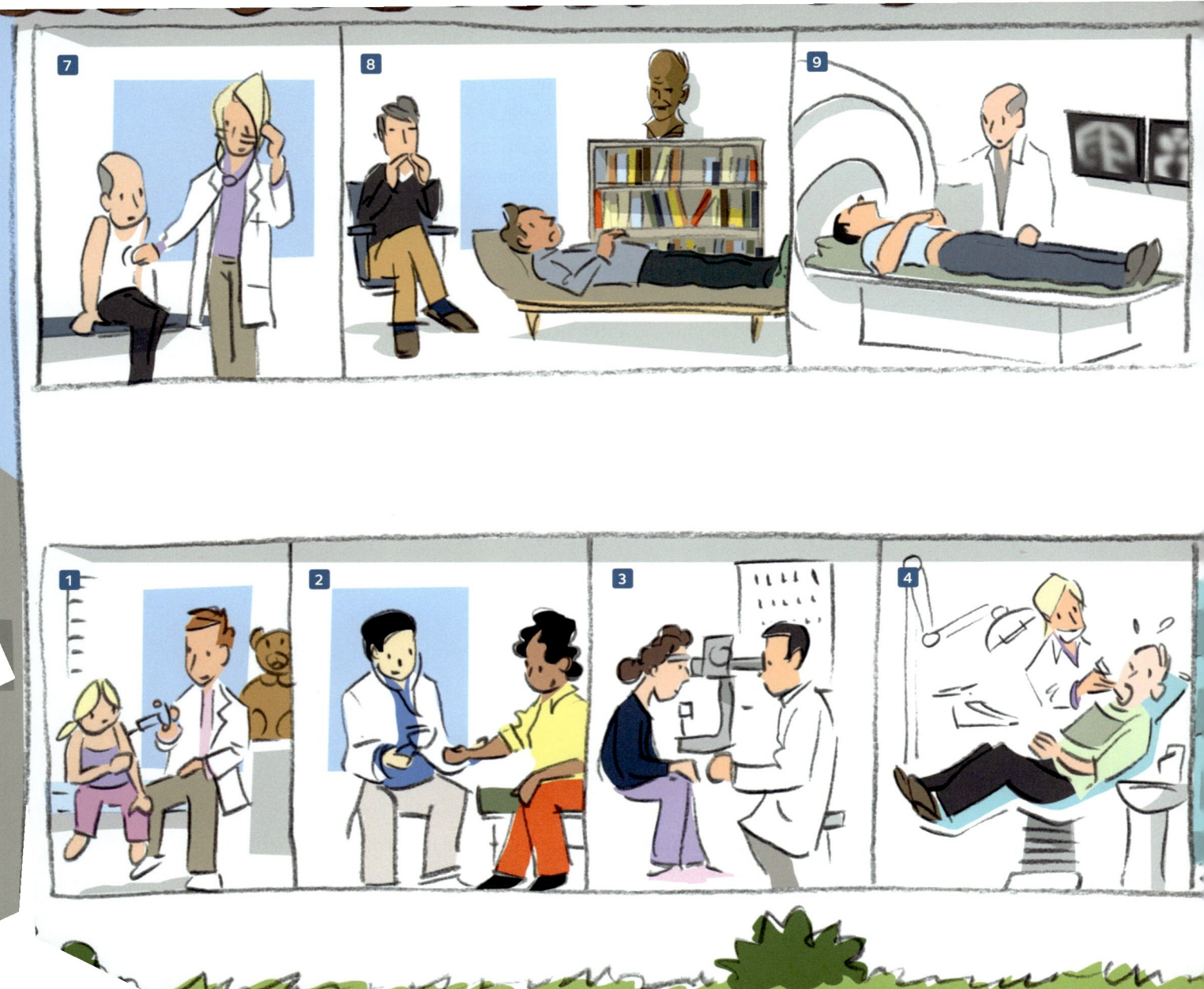

5 **Im Ärztehaus. Sehen Sie das Bild an und ordnen Sie die Wörter zu.**

> 12 die Physiotherapeutin • 10 die Orthopädin • ☐ der Hausarzt •
> 8 der Psychotherapeut • ☐ der Augenarzt • ☐ der Empfang •
> ☐ die Zahnärztin • ☐ der Ohrenarzt • 7 die Internistin •
> ☐ der Kinderarzt • ☐ die Gynäkologin • 9 der Radiologe

6 **Hören Sie die Wörter und sprechen Sie nach.**

2.16

7a Wer macht was? Ordnen Sie die Aktivitäten zu.

☐ ein Röntgenbild machen • ☐ ein Gespräch über die Schwangerschaft führen •
☐ mit den Patienten über Probleme sprechen • ☐ die Lunge abhören •
☐ gymnastische Übungen machen • ☐ das Kniegelenk untersuchen • ☐ bohren •
☐ ein verletztes Auge untersuchen • ☐ einen Termin machen •
☐ die Ohren untersuchen • ☐ den Blutdruck messen • ☐ eine Spritze geben

7b Sprechen Sie über die Aktivitäten wie im Beispiel.

Der Krankengymnast macht gymnastische Übungen mit den Patienten.

Arbeitssuche

1a **Wie kann man Arbeit finden? Welches Wort passt? Schreiben Sie.**

> kumtiPrak • armafirZeitbeits • tivbebungIniwertia

1 Man hat keine Stellenanzeige gefunden, man schickt aber an verschiedene Firmen die

Bewerbungsunterlagen: die ....

2 Man arbeitet in einer Firma, man bekommt aber nur wenig oder kein Geld, weil man die

Arbeit kennenlernen soll: das ....

3 Wenn man für eine ....

arbeitet, dann arbeitet man an verschiedenen Arbeitsstellen.

1b **Lesen Sie den Text und ergänzen Sie die Sätze.**

> dass ich in der Firma bleibe • aber ich habe nichts gefunden •
> weil ich die Arbeit in vielen verschiedenen Firmen kennengelernt habe •
> weil ich nicht genug Deutsch konnte

Erfahrungen bei der Arbeitssuche

Mein Name ist Roshan Asanka und ich lebe seit drei Jahren in Deutschland. Ich bin Lehrer für Physik und Mathematik. Aber ich konnte in Deutschland nicht in einer Schule arbeiten,

....

Deshalb habe ich eine Fortbildung gemacht und habe eine neue

Roshan Asanka

Programmiersprache gelernt. Dann habe ich im Internet nach

Stellen gesucht, ...

Eine Bekannte hat mir eine Zeitarbeitsfirma empfohlen. Das war eine gute Idee.

Ich habe mich dort beworben und habe in verschiedenen Firmen gearbeitet. Das

war anstrengend, weil ich immer wieder neue Kollegen hatte. Aber es war auch

interessant, ... Nach

einem Jahr war ich in einer kleinen Elektrofirma. Die waren sehr zufrieden mit mir

und wollten, ...

Das war natürlich super für mich und ich habe sofort ja gesagt.

2 **Wie haben Sie oder Ihre Bekannten Arbeit gefunden? Schreiben Sie Sätze wie in 1b.**

A   Stellenanzeigen lesen

3a In welcher Stellenanzeige ist welche Eigenschaft wichtig? Ordnen Sie zu.

1 ☐ belastbar   **2** ☐ flexibel   **3** ☐ teamfähig

A
Das Hotel „Zur Sonne" sucht **Hausmeister** (m/w) in Teilzeit (20 Std./Woche).
Sie haben einen Führerschein Klasse B und können zu verschiedenen Tageszeiten und auch am Wochenende arbeiten?

Dann schicken Sie Ihre Bewerbung an:
Hotel „Zur Sonne" | Brauhausstraße 11 | 36043 Fulda

C
Sprachschule International sucht **Sprachlehrer/innen**.

Sie haben eine Ausbildung in Deutsch als Fremdsprache und arbeiten gerne mit Menschen aus der ganzen Welt zusammen? Dann sind Sie bei uns richtig und wir freuen uns über Ihre Bewerbung.

Bewerbung an:
personal@Sprachschule_International_Bielefeld.de

B
Freundliche/r Kellner/in gesucht
Sie haben bereits Berufserfahrung und bleiben auch bei Stress freundlich?

Dann bewerben Sie sich noch heute bei Interim-Zeitarbeit

www.interim-gastronomie.de

🔊 2.17
3b Wo haben sich die Personen beworben? Hören Sie drei Interviews und ordnen Sie die Anzeigen aus 3a zu.

1 ☐ Herr Sanders   **2** ☐ Frau Yılmaz   **3** ☐ Herr Steiner

🔊 2.17
3c Hören Sie die Interviews noch einmal und kreuzen Sie an: Richtig oder falsch?

		R	F
1	Herr Sanders arbeitet jetzt als Lkw-Fahrer.	☐	☐
2	Herr Sanders hat keine Berufserfahrung als Hausmeister.	☐	☐
3	Frau Yılmaz hat an der Universität in Jena studiert.	☐	☐
4	Frau Yılmaz hat eine lange Berufserfahrung als Lehrerin.	☐	☐
5	Herr Steiner sucht jetzt eine Stelle in einem Restaurant.	☐	☐
6	Herr Steiner hat jetzt Berufserfahrung als Kellner.	☐	☐

4   **Die Kursparty. Was machen wir? Ergänzen Sie den Dialog mit *würde*.**

- Nächste Woche machen wir unsere Kursparty. Was .... ihr gern machen?

- Wir .... gern gemütlich Karten spielen.

- Ich .... gern tanzen.

- Du .... gern tanzen? Das glaube ich nicht!

- Doch, ich tanze oft. Ich .... auch gern Musik machen.

- Anton und Asita sind heute nicht da. Was .... sie gern machen?

- Ich glaube, sie .... lieber Karten spielen als tanzen.

5   **Was würde Victor gern machen? Schreiben Sie Sätze wie im Beispiel.**

1

einen guten Schul-
abschluss machen

2

eine große Reise machen

3

eine Ausbildung machen

4

die Führerschein-
prüfung bestehen

5

ein eigenes Auto kaufen

6

eine Freundin finden

1   *Victor*   *würde gern*   *einen guten Schulabschluss*   *machen.*

2   *Er* ....

3   ....

4   ....

5   ....

6   ....

6   **Schreiben Sie die Wünsche mit *würde gern*.**

1   Ich möchte gern Fußball spielen. Das ist mein Wunsch. ....

2   Er hat einen Traum. Er möchte einen Porsche kaufen. ....

3   Sie möchten gern Fußball spielen. ....

4   Wir möchten sehr gern in einer Großstadt wohnen. ....

7   **Welche Wünsche haben Sie für Ihr Leben in Deutschland? Schreiben Sie drei Sätze in Ihr Heft.**

B Der erste Kontakt

8 **Wiederholung: indirekte Fragen mit Fragewort. Schreiben Sie indirekte Fragen.**

1 Wo arbeiten Sie? Darf ich fragen, _____?

2 Wie lange dauert die Ausbildung? Wissen Sie, _____?

3 Wie viel kann man verdienen? Können Sie mir sagen, _____?

4 Warum haben Sie diesen Beruf gewählt? Darf ich fragen, _____?

9 **Indirekte Fragen mit *ob*. Schreiben Sie indirekte Fragen.**

1 Sind Sie zufrieden mit Ihrer Arbeit? Darf ich fragen, _____?

2 Ist die Bezahlung in dieser Firma gut? Können Sie mir sagen, _____?

3 Gibt es bei dieser Arbeit auch Schichtarbeit? Wissen Sie, _____?

4 Kann man eine feste Stelle bekommen? Können Sie mir sagen, _____?

10 **Was denken Julia und Patrick? Schreiben Sie die Sätze in Ihr Heft.**

Julia hat einen neuen Job. Was denkt sie?
1 Was muss ich am ersten Tag machen?
2 Was soll ich anziehen?
3 Ist die Arbeit schwer?
4 Sind die Kollegen nett?

1. Ich weiß nicht, was ich ...

Patrick macht bald seinen Schulabschluss. Was denkt er?
1 Was soll ich nach der Schule machen?
2 Soll ich einen handwerklichen Beruf lernen?
3 Wie kann ich einen Ausbildungsplatz finden?
4 Sind meine Noten gut genug?

1. Ich bin nicht sicher, was ich ...

11 **Was denken Mia und Ben über ihre Hochzeit? Schreiben Sie Sätze in Ihr Heft.**

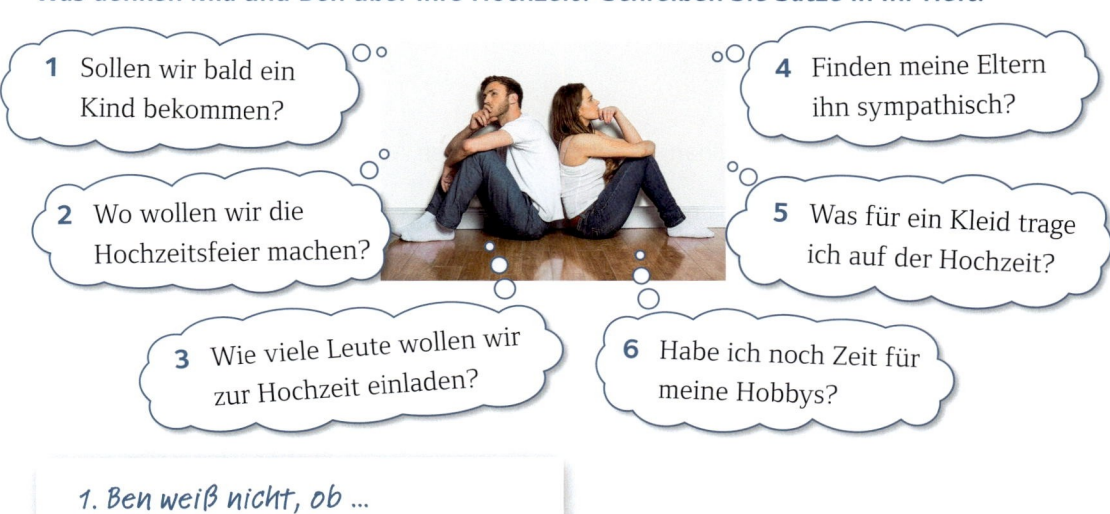

1 Sollen wir bald ein Kind bekommen?

2 Wo wollen wir die Hochzeitsfeier machen?

3 Wie viele Leute wollen wir zur Hochzeit einladen?

4 Finden meine Eltern ihn sympathisch?

5 Was für ein Kleid trage ich auf der Hochzeit?

6 Habe ich noch Zeit für meine Hobbys?

1. Ben weiß nicht, ob ...

12 *Dass* oder *ob*? Ergänzen Sie die Dialoge.

1 ● Kommt Ben heute Abend?

● Ich bin ziemlich sicher, ... er heute kommt.

● Ich weiß nicht, ... er heute kommt.

2 ● Bringt er Mia mit?

● Ich habe nicht gefragt, ... er sie mitbringt.

● Es ist möglich, ... er sie mitbringt.

3 ● Wollt ihr wieder zusammen Karten spielen?

● Ich denke, ... wir nach dem Essen Karten spielen.

● Ich bin nicht sicher, ... wir nach dem Essen Karten spielen.

13 Ist die Stelle noch frei? Ergänzen Sie den Dialog.

> Und ich würde gern wissen, wie die Bezahlung ist. ● Guten Tag, Jetan Haralan.
> Ich habe Ihre Anzeige gelesen. Sie suchen einen Fahrer. Ist die Stelle noch frei? ●
> Sehr gut. Können Sie mir sagen, wie die Arbeitszeiten sind?

● EHK-Transporte, am Apparat Yasin Gül. Guten Tag.

● ....

● Ja, sie ist noch frei.

● ....

● Wir beginnen um 8 Uhr und arbeiten bis 17 Uhr. Mittags gibt es eine Stunde Pause.

● ....

● Das sollten wir hier besprechen. Kommen Sie bitte morgen um 14 Uhr in mein Büro.

14 Textkaraoke. Hören, lesen und sprechen Sie die 👄-Rolle im Dialog.

👂 …

👄 Ich habe Ihren Aushang gesehen. Sie suchen Aushilfen für die Weihnachtszeit.

👂 …

👄 Ja, das geht. Können Sie mir sagen, wie die Arbeitszeiten genau sind?

👂 …

👄 Ja, schon einmal, als Aushilfe für drei Monate.

👂 …

👄 Gern. Können Sie mir bitte die Adresse sagen?

C   Die Bewerbung

15a   Der Lebenslauf von Sergiy Pilakew. Lesen Sie den Text und ergänzen Sie die Partizipien.

Ich heiße Sergiy Pilakew. Ich bin am 11.3.1990 in Uman in der Ukraine geboren. 2005 habe ich in Uman

den Schulabschluss .... **(machen)**. Von 2005 bis 2007 habe ich am Technikum den Beruf

Mechatroniker .... **(lernen)**. Danach habe ich sieben Jahre in Kiew ....

(arbeiten), erst in einem Mercedes-Servicecenter und dann bis 2014 in einem Toyota-Servicecenter.

Im September 2014 bin ich nach Deutschland .... **(kommen)**.

Von November 2014 bis Juli 2015 habe ich bei der AWO in Lübeck einen Integrationskurs

.... **(besuchen)** und mit dem DTZ .... **(beenden)**. Seit August 2015

mache ich ein Praktikum in der Autowerkstatt Schmidt in Lübeck. Meine Muttersprache ist Ukrainisch und

ich spreche auch Russisch und schon gut Deutsch.

15b   Lesen Sie den Text in 15a noch einmal und ergänzen Sie die fehlenden Informationen im Lebenslauf.

Lebenslauf

Persönliche Daten

Vor- und Nachname: ....

Anschrift: Kampweg 15 | 23569 Lübeck

Telefon: 04 51/77 54 12

E-Mail: SPilakew@gmx.net

Geburtsdatum/-ort: ....

Schulbildung

07/05   Schulabschluss, Uman

Berufsausbildung

09/05-06/07   ...., Uman

Berufserfahrung

seit 08/15   ...., Lübeck

05/11 – 07/14   ...., Kiew

07/07 – 04/11   ...., Kiew

Kenntnisse

Ukrainisch:

....

Russsich: C2

Deutsch: B1

Lübeck, 15.02.2016   *S. Pilakew*

15c   Wie kann Herr Pilakew sein Deutsch weiter verbessern? Schreiben Sie Ratschläge.

viel Radio hören • Zeitung lesen • im Internet Nachrichten auf Deutsch lesen •
einen deutschen Blog schreiben • mit seinen Nachbarn sprechen •
einen berufsorientierten B2-Sprachkurs machen

◀)) 2.19 **16a** Welchen Beruf hat Herr Engström? Hören Sie und kreuzen Sie an.

1 ☐ Koch   2 ☐ Zimmerservice   3 ☐ Kellner

◀)) 2.19 **16b** Hören Sie das Gespräch noch einmal und kreuzen Sie an: Richtig oder falsch?

		R	F
1	Herr Engström hat seine Ausbildung im Hotel Elbufer gemacht.	☐	☐
2	Er spricht kein Englisch.	☐	☐
3	Er hat die Gäste bedient und beraten.	☐	☐

◀)) 2.20 **17a** Fragen beim Vorstellungsgespräch. Welche Antwort passt? Hören Sie und kreuzen Sie an.

1 A ☐ Ein Jahr.
   B ☐ Bei MAJ in Freiburg.
   C ☐ Ich habe die Prüfung gemacht.

3 A ☐ Da habe ich keine Probleme.
   B ☐ Gestern habe ich etwas geschrieben.
   C ☐ Ich verstehe alles.

2 A ☐ Deutsch ist sehr schwer.
   B ☐ Es gibt eine Deutschprüfung.
   C ☐ Ich habe den Deutsch-Test für Zuwanderer gemacht.

4 A ☐ Ich bin Gärtner von Beruf.
   B ☐ Ich hatte hier noch keine Arbeit.
   C ☐ Ich suche Arbeit.

◀)) 2.20 **17b** Hören Sie die Fragen noch einmal. Machen Sie Notizen und beantworten Sie die Fragen für sich.

18 Schreibtraining. Ordnen Sie die Briefteile und schreiben Sie den Bewerbungsbrief in Ihr Heft.

☐ Sehr geehrte Damen und Herren,

☐ Mit freundlichen Grüßen

☑1 Jamal Kesete · Bergstr. 5 · 54295 Trier

☐ in der Zeitung vom 06.02.2016 habe ich Ihre Anzeige gelesen und würde mich gerne als Fahrer bei Ihnen bewerben.

☐ *Jamal Kesete*

☐ 08.02.2016

☐ Ich würde mich über eine positive Antwort freuen.

☐ Ich habe den Führerschein Klasse C1 und habe bereits als Paketfahrer gearbeitet. Jetzt arbeite ich als Aushilfe in einem Supermarkt. Ich möchte gerne wieder als Fahrer arbeiten und möchte mich hiermit um die Stelle bewerben. Ich bin zeitlich flexibel und kann ab nächstem Monat anfangen.

19a Tipps für ein Vorstellungsgespräch. Lesen Sie den Text und ordnen Sie die Überschriften zu.

☐ Fragen und Antworten vorbereiten • ☐ Letzte Vorbereitungen •
☐ Informationen über die Firma sammeln • ☐ Passende Kleidung •
☐ Beim Vorstellungsgespräch

Tipps für die Bewerbung

Forum **Tipps** Job & Karriere Bewerbungsunterlagen

So bereiten Sie sich perfekt auf das Vorstellungsgespräch vor

1. Informieren Sie sich vorher gut über die Firma. Informationen finden Sie im Internet, in der Tageszeitung oder in Prospekten. Wenn Sie Personen kennen, die in der Firma arbeiten, dann fragen Sie diese. ✔

2. Welche Fragen hat die Firma an mich, was kann ich fragen? Schreiben Sie Fragen auf und notieren Sie Ihre Antworten. Üben Sie die Fragen und Antworten mit einem Freund oder einer Freundin. ✔

3. Die Kleidung muss ordentlich sein und sie muss zur Stelle passen. Wenn Sie sich z. B. als Verkäufer in einer Gärtnerei bewerben, dann darf die Kleidung etwas sportlicher sein. Hier passt auch eine gepflegte Jeans. ✔

4. Kommen Sie fünf Minuten vor dem Gesprächstermin und bringen Sie das Einladungsschreiben mit. Schalten Sie Ihr Handy aus. Kommen Sie allein. Die Einladung ist nur für Sie. ✔

5. Sehen Sie Ihren Gesprächspartner bei der Begrüßung freundlich an und lassen Sie ihn ausreden, wenn er spricht. Sprechen Sie ruhig und deutlich. Bedanken Sie sich am Ende für das Gespräch. ✔

19b Was sollte man im Gespräch (nicht) machen? Schreiben Sie Sätze zu den Bildern.

1 Man sollte ...

Wichtige Wörter

die Arbeitssuche, Sg. ....

die Bewerbung, -en ....

die Initiativbewerbung, -en ....

der Aushang, "-e ....

das Praktikum, Praktika ....

die Zeitarbeitsfirma, -firmen ....

der/die Bekannte, -en ....

teamfähig ....

fleißig ....

kreativ ....

ehrlich ....

geduldig ....

der Tourismus, Sg. ....

der Traum, "-e ....

A Stellenanzeigen lesen

die Stellenanzeige, -n ....

das Stellenangebot, -e ....

die Berufserfahrung, -en ....

die Bezahlung, Sg. ....

die Schichtarbeit, -en ....

in Teilzeit arbeiten ....

in Vollzeit arbeiten ....

eine feste Stelle ....

der Ausbildungsplatz, "-e ....

die Aushilfe, -n ....

der/die Personalberater/in,
-/-nen ....

die Auskunft, "-e ....

die Bewerbungsunterlagen, Pl. ....

die Tätigkeit, -en ....

die Bedingung, -en ....

zusammen⟩arbeiten ....

die Eigenschaft, -en ....

zuverlässig ....

flexibel ....

belastbar ....

engagiert ....

B Der erste Kontakt

der Stundenlohn, "-e ....

der Arbeitsvertrag, "-e ....

die Überstunde, - n ....

vor allem ....

ob ....

C Die Bewerbung

der Lebenslauf, "-e ....

persönliche Daten ....

die Schulbildung, Sg. ....

die Weiterbildung, -en ....

das Diplom, -e ....

das Bewerbungsschreiben, - ....

das Bewerbungsfoto, -s ....

das Bewerbungsgespräch, -e ....

das Vorstellungsgespräch, -e ....

die Arbeitspause, -n ....

das Gehalt, "-er ....

die Teamarbeit, Sg. ....

die Fremdsprache, -n ....

....

1 **Welche Verben passen? Verbinden Sie und schreiben Sie Sätze in Ihr Heft.**

1	in Teilzeit	**A**	machen
2	eine feste Stelle	**B**	schicken
3	Überstunden	**C**	schreiben
4	ein Gehalt	**D**	haben
5	sich um eine Stelle	**E**	arbeiten
6	einen Lebenslauf	**F**	bewerben
7	die Bewerbungsunterlagen	**G**	bekommen
8	mit Kollegen	**H**	zusammenarbeiten

Ich arbeite seit zwei Jahren in ...

2 **Ergänzen Sie die Nomen mit Artikel.**

~~das Foto~~ • das Schreiben • das Angebot • die Erfahrung • das Gespräch • die Unter-lagen (Pl.) • die Zeit • der Vertrag • die Suche • der Tag • die Schule • die Anzeige

1 Bewerbungs-: *das Bewerbungsfoto,* _____

2 Arbeits-: _____

3 Berufs-: _____

4 Stellen-: _____

3a **Welche Wörter passen? Ergänzen Sie die Fragen.**

Stress • Stelle • Schichtarbeit • Überstunden • Team

1 Wir arbeiten hier 24 Stunden am Tag. Haben Sie schon in _____ gearbeitet?

2 Sind Sie belastbar? Bleiben Sie in Situationen mit _____ ruhig?

3 Arbeiten Sie lieber im _____ oder alleine?

4 Sie sagen, Sie würden gern bei uns arbeiten. Warum ist die _____ für Sie interessant?

5 Können Sie abends auch länger bleiben und _____ machen?

3b **Antworten Sie auf die Fragen in 3a. Schreiben Sie die Antworten in Ihr Heft.**

Ja, ich habe schon in Schichtarbeit ...

🔊
2.21
4 **Wörter hören und nachsprechen. Hören Sie zu und sprechen Sie nach.**

1 flexibel – teamfähig – engagiert – zuverlässig

2 die Zeitarbeitsfirma – die Initiativbewerbung – das Praktikum

3 die Schichtarbeit – die Überstunden – der Stundenlohn – der Arbeitsvertrag

belastbar freundlich

5

6

7

8

elegant

9 streng

10

11 höflich

12 einsam

13 zuverlässig

14

15 flexibel

16 engagiert

🔊 2.22 **5** Ordnen Sie die Adjektive auf der Seite 130 zu. Hören Sie dann die Wörter und sprechen Sie nach.

> pünktlich • neugierig • kreativ • teamfähig • ordentlich • genervt • erschöpft

🔊 2.23 **6a** Hören Sie und finden Sie die passende Person auf den Fotos. Zeigen Sie auf das Foto.

🔊 2.23 **6b** Hören Sie noch einmal. Reagieren Sie wie im Beispiel.

> *Das ist diese Frau hier. Sie ist ordentlich.*

1 laut

2

3 klein

4

5 geduldig

6

7 schwach

8

9 alt

10

11

12 traurig

🔊 **7** Gegenteile: Ergänzen Sie die Adjektive auf der Seite 131. Hören Sie dann die Wörter
2.24 und sprechen Sie nach.

8 Arbeiten Sie zu zweit. Schreiben Sie drei Sätze mit Adjektiven über eine Person. Lesen
Sie die Sätze vor, der/die andere rät die Person.

> Meine Person ist pünktlich. Sie lacht
> viel und ist immer fröhlich. Sie ist auch sehr
> geduldig und hilft gerne anderen.

> Das ist Damir.

Von Ort zu Ort

1a **Eine Urlaubsreise machen. Ergänzen Sie die Verben.**

> besuchen • machen • packen • fliegen • fahren • einchecken • stehen

1 Herr und Frau Bounou sind am Flughafen. Sie wollen in ihre Heimat, nach Marokko,

........................., denn sie wollen Verwandte .... Sie .... gerade ....

2 Familie Schmitt .... die Koffer ins Auto. Sie wollen eine Urlaubsreise ....

Sie .... nach Kroatien. Sie hoffen, dass sie nicht im Stau ....

1b **Ergänzen Sie die Präpositionen *in*, *aus*, *nach* und *mit*.**

1 Herr und Frau Ölmez kommen .... der Türkei. Sie wollen Verwandte besuchen und

fliegen heute .... die Türkei.

2 Familie Schmitt fährt .... dem Auto. Sie wollen .... Kroatien Urlaub am Meer

machen. Sie wollen .... Dubrovnik fahren und die Stadt besichtigen.

◀))
2.25
2a **Interviews mit Reisenden. Hören Sie und kreuzen Sie an: Welche Bilder passen?**

◀))
2.25
2b **Hören Sie die Interviews noch einmal und beantworten Sie die Fragen in Ihrem Heft.**

Interview 1
1 Wie lange hat die Reise gedauert?
2 Wer hat die Reise bezahlt?
3 Wie war das Hotel?

Interview 2
4 Seit wann lebt er in Deutschland?
5 Was hat er gemacht?
6 Wie hat ihm die Reise gefallen?

3 **Wiederholung: Perfekt. Ergänzen Sie die Verben im Perfekt.**

Wir waren von Donnerstag bis Sonntag in Berlin. Wir .... in einem Hotel am Kurfürstendamm

.... **(wohnen)**. Die Reise .... uns gut .... **(gefallen)**. Wir

.... viele Museen .... **(besichtigen)** und eine Stadtrundfahrt ....

(machen). Am Samstag .... wir nach Potsdam .... **(fahren)**. Abends

.... wir in einem Restaurant .... **(essen)**. Es war eine tolle Reise. Am Freitag-

abend .... wir ins Konzert .... **(gehen)**.

4 Meine letzte Reise. Schreiben Sie Sätze wie in 3 in Ihr Heft.

A   Reisevorbereitungen

5a Urlaubsfotos. Was passt zusammen? Verbinden Sie und schreiben Sie Sätze.

> die so voll war. • das so gemütlich war. • der nur am Vormittag geöffnet war. •
> das so sauber war. • die so freundlich waren. • der so viel weißen Sand hatte.

1 Das ist der Strand, _____

2 Das sind die Nachbarn, _____

3 Das ist das Meer, _____

4 Das ist die Stadt, _____

5 Das ist der Markt, _____

6 Das ist das Café, _____

5b Ergänzen Sie *der*, *die*, *das* in den Relativsätzen.

1 Das ist das Lokal, _____ auch deutsche Spezialitäten hatte.

2 Das ist der Kellner, _____ so nett war.

3 Das ist die Brieftasche, _____ ich im Urlaub verloren habe.

4 Das sind die Kinder, _____ immer vor dem Haus gespielt haben.

5 Das ist das Museum, _____ so interessant war.

6 Familie Hamudi ist neu in der Stadt. Schreiben Sie Relativsätze.

1 Familie Hamudi sucht einen Park. Der Park hat einen schönen Spielplatz.

Familie Hamudi sucht einen Park, _____.

2 Frau Hamudi sucht ein nettes Café. Das Café liegt in der Nähe vom Spielplatz.

Frau Hamudi sucht ein nettes Café, _____.

3 Familie Hamudi sucht einen Kindergarten. Der Kindergarten bietet Musikunterricht an.

Familie Hamudi sucht einen Kindergarten, _____.

4 In der Stadt gibt es viele Geschäfte. Die Geschäfte gefallen ihnen gut.

In der Stadt gibt es viele Geschäfte, _____.

7 Landeskundequiz. Schreiben Sie Relativsätze.

1 • *Kennst du*
   (eine Stadt – ~~kennen~~ / in Österreich liegen)

   • Ja, zum Beispiel Graz.

2 • *Kennst du*
   (eine Stadt – ~~kennen~~ / an der Grenze zu Polen liegen)

   • Ja, das ist Frankfurt an der Oder.

3 • *Wie*
   (der Fluss – heißen / durch Köln fließen)

   • Das ist der Rhein.

4 • *Wie*
   (der See – heißen / südlich von München liegen)

   • Das ist der Starnberger See.

Graz

Frankfurt an der Oder

der Rhein

der Starnberger See

■◆») **8** Einen Flug buchen. Ordnen Sie und schreiben Sie den Dialog in Ihr Heft.
2.26   Kontrollieren Sie dann mit dem Hörtext.

> ☐ Das ist gut. Den Flug können Sie für mich buchen. • ☐ Wann möchten Sie reisen? •
> ☐1 Guten Tag, was kann ich für Sie tun? • ☐ In dieser Zeit gibt es viele günstige
> Angebote. Hier ist zum Beispiel ein Flug für 172 Euro. • ☐ Guten Tag, ich möchte einen
> Flug nach Athen buchen. • ☐ Sehr gern. Sagen Sie mir bitte Ihren Namen. •
> ☐ Ich möchte am 2.10. von Frankfurt abfliegen und am 5.10. zurückkommen.

9 Wiederholung: *sollen*. Schreiben Sie Sätze.

1 Ich möchte am 31.3. nach Rom fliegen. *Der Hinflug soll*
   (der Hinflug – am 31.3. – sein – sollen)

2 Ich möchte eine günstige Unterkunft.
   (die Unterkunft – nicht so viel – kosten – sollen)

3 Wir wollen in Hamburg abfliegen.
   (der Abflugort – Hamburg – sein – sollen)

4 Ich möchte schnell nach Spanien kommen.
   (die Reise – nicht so lange – dauern – sollen)

10 Im Reisebüro. Schreiben Sie einen Dialog.

einen Flug von Basel
nach Berlin buchen

• ....
....

Wann?

• ....
....

Hinflug: 17.2.
Rückflug: 28.2.

• ....
....

Angebot: Hinflug und
Rückflug: 190 Euro

• ....
....

ja/buchen

• ....
....

11a Wiederholung: Verben mit Akkusativ. Unterstreichen Sie den Akkusativ.

1 Ich habe gestern ein Paket bekommen.
2 Hast du die Zeitschrift schon gelesen?
3 Ich suche die Flugtickets.
4 Heute braucht man keinen Regenschirm.
5 Im Urlaub trage ich gern das neue Kleid.
6 Ich muss noch eine Zahnbürste kaufen.

11b Wichtige Verben mit Akkusativ. Suchen Sie die Verben in den Sätzen 1-6 und machen Sie eine Liste.

Verben mit Akkusativ: bekommen ...

12a Relativpronomen im Akkusativ. Ergänzen Sie *den*, *das* oder *die*.

1 Wo ist das Buch, ... ich immer abends im Bett lese?

2 Ist das hier der Schlüssel, ... die Nachbarn brauchen?

3 Wo ist die Kette, ... ich zum Geburtstag bekommen habe?

4 Wo sind die Handtücher, ... ich letzte Woche gekauft habe?

5 Hast du den blauen Regenschirm, ... ich suche?

6 Ich suche die Flugtickets, ... ich gestern gekauft habe.

7 Wo sind die Schuhe, ... ich gestern getragen habe?

8 Brauchst du die Zahnpasta, ... ich gestern gekauft habe?

12b Schreiben Sie Relativsätze.

1 Ich trage die Jacke immer im Garten.

Wo ist die Jacke, ...?

2 Ich habe unsere Pässe auf den Tisch gelegt.

Wo sind die Pässe, ...?

3 Ich habe das Paket gestern bekommen.

Wo ist das Paket, ...?

4 Ich habe den Rucksack für die Reise gekauft.

Wo ist der Rucksack, ...?

5 Die Badesachen haben im Schrank gelegen.

Wo sind die Badesachen, ...?

13 Ordnen Sie zu und schreiben Sie Relativsätze im Nominativ oder Akkusativ.

☐ Die Reisetasche hat viele Fächer. • ☐ Ihr Mann findet das Kleid hässlich. •
☐ Er will den Ring seiner Frau schenken. • ☐ Der Pullover ist warm. •
☐ Er kann die Geschenke in seine Heimat mitnehmen.

1 Herr Asmeron sucht Geschenke, ...

2 Frau Ivanova sucht einen Pullover, ...

3 Frau Marini gefällt ein Kleid, ...

4 Frau da Silva sucht eine Reisetasche, ...

5 Herr Bloch kauft einen Ring, ...

B   Dialoge auf der Reise

14 Reisewörter. Was passt zusammen? Ergänzen Sie die Wörter in den Sätzen 1 und 2.

Pannen- • Auto- • Notruf- • Notruf- • Wagen- • Platz-	-zentrale • -säule • -reservierung • -nummer • -dienst • -panne

1 Wenn man auf der Autobahn eine .... hat, kann man mit dem Handy

oder an einer .... die .... anrufen, die dann den

.... schickt.

2 Bei Reisen mit dem ICE ist es gut, wenn man eine .... hat. Der Sitzplatz

und die .... stehen auf der Reservierung oder auf der Fahrkarte.

◀)) **15** **Platzreservierung. Ergänzen Sie den Dialog. Kontrollieren Sie dann mit dem Hörtext.**
2.27

> Oh, entschuldigen Sie bitte! • Nein, ich habe diesen Platz reserviert. Hier steht es: Platz 31 in Wagen 12. • Darf ich Sie kurz stören? Ich glaube, Sie sitzen auf meinem Platz.

● ....

● Das ist nicht möglich. Ich habe für diesen Platz eine Reservierung.

● ....

   ....

● Haben Sie Wagen 12 gesagt? Wir sind aber in Wagen 11.

● ....

● Das macht nichts. Das ist mir auch schon passiert.

◀)) **16** **Textkaraoke. Hören, lesen und sprechen Sie die 👄-Rolle im Dialog.**
2.28

👂   …

👄   Guten Tag, mein Name ist … Ich habe eine Autopanne.

👂   …

👄   Ich bin auf der A5. Auf der Notrufsäule steht Kilometer 228.

👂   …

👄   Es steht direkt neben der Notrufsäule.

👂   …

C   Reiseplanung

17 **Die Stadt Heidelberg. Ordnen Sie den Text.**

A ☐ kommen jedes Jahr nach Heidelberg. Das Wahrzeichen

B ☐ Touristen machen dort ein Foto.

C ☑1 Heidelberg liegt in Süddeutschland. Viele Touristen

D ☐ das oben auf einem Berg liegt. Man kann mit einer kleinen

E ☐ fließt ein Fluss, der Neckar. Die alte Brücke über den Neckar

F ☐ von Heidelberg ist das Schloss,

G ☐ Bahn hochfahren oder man kann zu Fuß laufen. Durch die Stadt

H ☐ ist eine wichtige Sehenswürdigkeit in Heidelberg. Viele Tausend

18 Über etwas diskutieren. Was passt? Ordnen Sie zu.

> Ich schlage vor, dass … • Ja, so machen wir es. • Das finde ich gut. •
> Ich denke, wir sollten … • Das finde ich nicht so gut. • Nein, ich möchte lieber … •
> Einverstanden. • Das ist eine gute Idee. • Ich finde es besser, wenn …

einen Vorschlag machen	zustimmen	ablehnen

19 Eine Reise planen. Hören Sie und kreuzen Sie an: Welche Antwort passt?

2.29

1 A ☐ Nein, wir sollten lieber mit
      dem Auto fahren.
   B ☐ Der Zug fährt um 12:05 Uhr.
   C ☐ Wir haben keine Fahrkarten.

2 A ☐ Er kommt morgen aus dem
      Urlaub zurück.
   B ☐ Das dauert drei Tage.
   C ☐ Ich schlage vor, dass wir drei
      Tage Urlaub machen.

3 A ☐ Ich möchte lieber in die Schweiz.
   B ☐ In Salzburg ist Mozart geboren.
   C ☐ Salzburg liegt in Österreich.

4 A ☐ Ich möchte lieber im Hotel
      übernachten.
   B ☐ Einverstanden.
   C ☐ Die Fahrkarten sind günstig.

20 Schreibtraining. Schreiben Sie den Brief richtig. Achten Sie auf
Punkte, Kommas und die Groß- und Kleinschreibung.

┌──────────────────┐
│ , , , · · · ·   │
└──────────────────┘

Fehler +++ Fehler +++ Fehler

lieberhansjetztsindwirschonzweitagehierammeerdaswetteristfantastischundwirbadenjeden-
tagabendsgehenwirineinkleinesrestaurantdassspezialitätenausderregionhatschadedassd-
unichtmitkommenkonntestliebegrüßemurat

....

....

....

....

....

....

....

21a Sehen Sie die Internetseite an. Was findet man wo? Markieren Sie wie im Beispiel auf der Internetseite.

1 Hier bekommt man Informationen, wann die Züge fahren und kann Fahrkarten kaufen.

2 Hier bekommt man Informationen, wie teuer das Ticket ist.

3 Hier kann man das „Schönes-Wochenende-Ticket" online kaufen.

4 Hier kann man die Informationen ausdrucken.

5 Hier steht, wann man mit dem Ticket fahren kann.

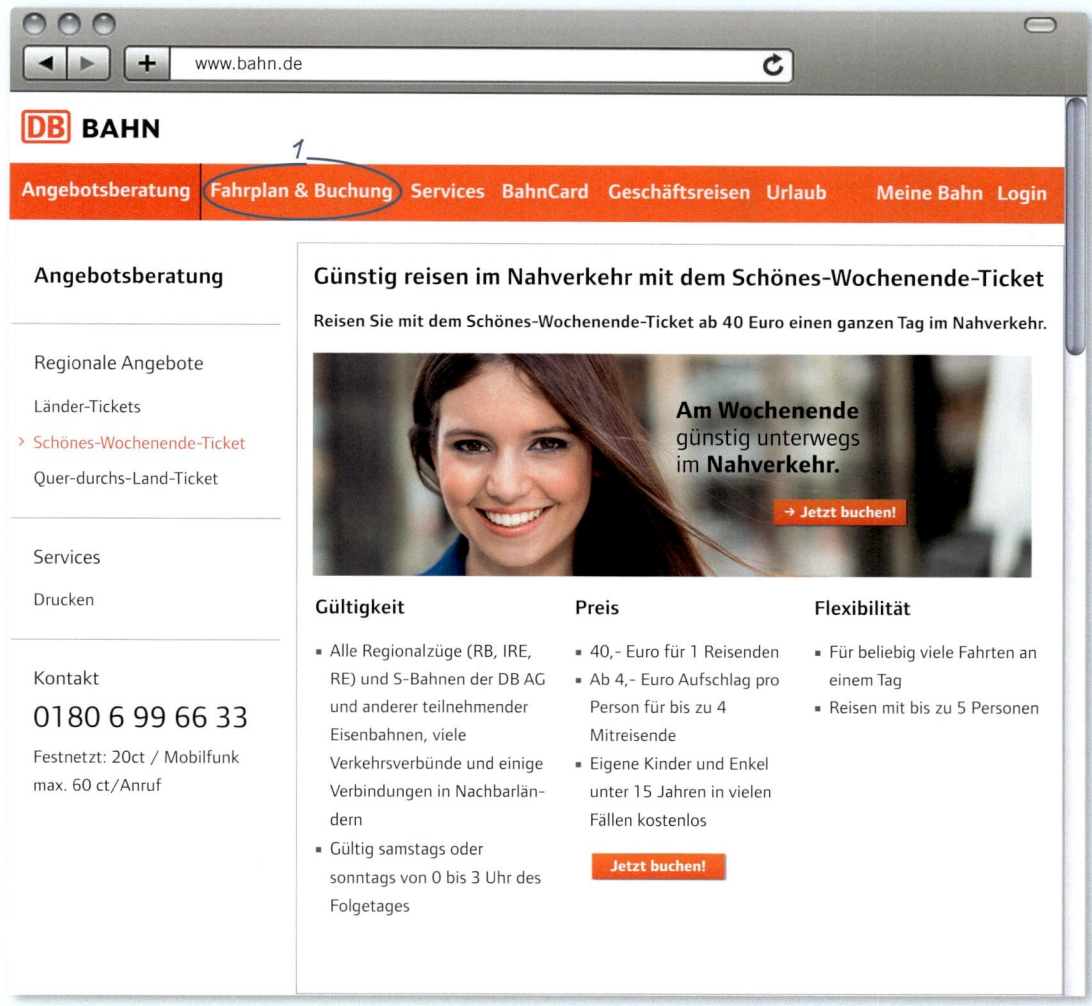

21b Lesen Sie den Text und beantworten Sie die Fragen.

1 Wie viele Personen können mit dem „Schönes-Wochenende-Ticket" fahren?

....

2 Wie lange ist das Ticket gültig?

....

3 Welche Züge kann man benutzen?

....

die Geschäftsreise, -n ....

die Urlaubsreise, -n ....

der Stau, -s ....

einchecken ....

der/die Reisende, -n ....

die Kamera, -s ....

das Reisedokument, -e ....

die Brieftasche, -n ....

der Kiosk, -e ....

das Lokal, -e ....

A Reisevorbereitungen

die Reisezeit, Sg. ....

das Urlaubsfoto, -s ....

das Museum, Museen ....

der Strand, "-e ....

der Sand, Sg. ....

feiner Sand ....

für Kinder geeignet ....

der Campingplatz, "-e ....

die Wanderung, -en ....

der Flug, "-e ....

der Abflug, "-e ....

der Hinflug, "-e ....

der Rückflug, "-e ....

der Abflugort, -e ....

das Flugticket, -s ....

ab{fliegen ....

buchen ....

der Katalog, -e ....

der Rucksack, "-e ....

die Sonnencreme, -s ....

die Sonnenbrille, -n ....

die Badesachen, Pl. ....

die Batterie, -n ....

die Zahnbürste, -n ....

B Dialoge auf der Reise

der Autounfall, "-e ....

die Notrufsäule, -n ....

die Notrufzentrale, -n ....

der Pannendienst, -e ....

die Autopanne, -n ....

der Kilometer, - ....

der Wagen, - ....

Das macht nichts! ....

die Platzreservierung, -en ....

besetzt ....

C Reiseplanung

das Reiseziel, -e ....

das Ausflugsziel, -e ....

die Unterkunft, "-e ....

die Altstadt, Sg. ....

die Burg, -en ....

ideal ....

autofrei ....

überall ....

der Fahrradweg, -e ....

die Insel, -n ....

die Küste, -n ....

der Rundgang, "-e ....

baden   ....   das Zẹlt, -e   ....

der Ausweis, -e   ....   vọr}schlagen   ....

der Schlạfsack, "-e   ....

der Rẹiseführer, -   ....

die Rẹgensachen, Pl.   ....

1 Welche Wörter passen zusammen? Ergänzen Sie die Tabelle wie im Beispiel.

> buchen • der Abflug • ~~reisen~~ • reservieren • ~~der/die Reisende~~ • fliegen •
> der Vorschlag • das Flugzeug • die Buchung • ~~die Reise~~ • vorschlagen • der Flug •
> die Reservierung • abfliegen

Verben	Nomen
reisen	die Reise der/die Reisende

2 Welches Wort passt nicht? Streichen Sie durch.

1 die Insel – die Küste – der Strand – die Notrufsäule
2 das Flugticket – der Ausweis – die Regensachen – der Pass
3 der Pannendienst – die Platzreservierung – der Stau – der Autounfall
4 der Hinflug – der Rückflug – die Burg – das Flugticket

3a Was braucht man für die Reise? Finden Sie acht Wörter.

> ~~Aus~~ • Ka • Kof • Rei • Ruck • Schlaf • Ti • Zahn • bürs •
> cket • do • fer • ku • me • ment • ra • sack • sack • se • te • ~~weis~~

der *Ausweis*   der ....   der ....   der ....

das ....   das ....   die ....   die ....

3b Tipps für Radtouren. Ergänzen Sie Wörter aus 3a.

Ein .... ist bei einer Radtour praktischer als ein ....

Möchten Sie Fotos machen? Dann vergessen Sie Ihre .... nicht.

Wollen Sie in einem Zelt übernachten? Dann brauchen Sie auch einen ....

4 Wörter hören und nachsprechen. Hören Sie zu und sprechen Sie nach.

2.30

1 die Geschäftsreise – die Urlaubsreise – die Reisedokumente
2 der Autounfall – die Notrufzentrale – der Pannendienst
3 besetzt – geeignet – ideal - überall

5a **Welche Urlaubsaktivitäten sehen Sie? Ergänzen Sie.**

1 ....
2 Enten füttern
3 angeln
4 segeln
5 tauchen

6 ....
7 einen Drachen steigen lassen

8 ....

9 Holz hacken
10 ein Feuer machen

11 ....
12 sich sonnen
13 Volleyball spielen

14 ....
15 sich im Liegestuhl entspannen
16 in der Hängematte schlafen

17 ....
18 ein Zelt aufbauen
19 mit dem Hund spazieren gehen

20 ....
21 klettern
22 eine Burg besichtigen

23 ....

24 ....

5b **Hören Sie die Aktivitäten, zeigen Sie sie auf dem Bild und sprechen Sie nach.**

2.31

6 Was kann man wann gut machen? Was haben Sie schon gemacht? Sprechen Sie wie im Beispiel.

> Im Sommer kann man gut im See baden.

> Ich bin schon oft mit meiner Familie an den See gefahren.

7 Was machen Sie am liebsten im Urlaub? Ein Ratespiel. Spielen Sie zu zweit. Beide wählen fünf Aktivitäten aus und schreiben sie auf einen Zettel. Fragen und antworten Sie. Wer hat zuerst die fünf Aktivitäten erraten?

> Ich glaube, du möchtest am liebsten ein Museum besuchen.

> Ja, das ist richtig. Du darfst noch einmal.

> Nein, falsch. Jetzt bin ich dran. Ich glaube, du ...

1 Lesen Sie und ergänzen Sie in A–G.

✔ ✘

Ich kann auf Deutsch

☐ ☐ **A** sagen, wozu ich etwas mache.

1 Ich mache Sport, *damit* ....

2 Ich mache den Deutschkurs, *damit* ....

3 Ich höre jeden Morgen Radio, *damit* ....

☐ ☐ **B** mich telefonisch für einen Kurs anmelden.

> anmelden • interessiere • Termin • wie • Computerkurs • Name • kostet

● Guten Tag, mein .... ist Ana Cruz. Ich .... mich für einen

.... Wann ist der nächste .... ?

● Die nächsten Kurse beginnen Anfang Mai.

● Was .... ein Kurs und .... kann ich mich .... ?

● Der Preis ist 135 Euro. Die Anmeldung ist auch im Internet möglich.

☐ ☐ **C** Ratschläge geben.

1 ● Meine Frau arbeitet zu viel.

● *Sie sollte mehr Sport machen.* ....

2 ● Ich kann nicht einschlafen.

● *Du* ....

3 ● Ich suche Arbeit.

● ....

☐ ☐ **D** nach Informationen über ein Medikament fragen.

1 ● *Wie oft muss ich die Tabletten nehmen?* ....

● Dreimal am Tag.

2 ● ....

● Manchmal sind Kopfschmerzen möglich.

3 ● ....

● Nehmen Sie die Tabletten 14 Tage.

E   am Telefon nach Informationen über einen Arbeitsplatz fragen.   ☐ ☐

- *Guten Tag, ich habe Ihre* ....

   .... (ihre Stellenanzeige lesen, noch frei?)

- Ja, sie ist noch frei.

- .... (Arbeitszeiten?)

- Sie arbeiten montags bis freitags von 7 bis 15 Uhr.

- ....

   .... (fester Stundenlohn bekommen?)

- Das können wir hier in der Firma besprechen.

F   meinen Lebenslauf schreiben.   ☐ ☐

Lebenslauf
Schulbildung:

....

....

Ausbildung/Weiterbildung:

....

....

Berufserfahrung:

....

....

Kenntnisse:

....

....

G   mit anderen eine Reise planen.   ☐ ☐

- Ich schlage vor, dass wir nach Kiel fahren.

🙂 ....   🙁 ....

- Fahren wir mit dem Zug?

🙂 ....   🙁 ....

2   Kontrollieren Sie mit den Lösungen und markieren Sie ✔ für *kann ich* und ✗ *für kann ich nicht so gut.*

Lesen

Teil 5 Lesen Sie den Text und schließen Sie die Lücken 1-6. Welche Lösung (A, B oder C) passt am besten?

Alfred Mecker
Situlistr. 11
80939 München

Reisebüro Antes
Karlstraße 71
80333 München   München, den 20.03.2016

Urlaubreise nach Antalya/Türkei vom 12.03.–19.03.2016

Sehr geehrte Damen und Herren,

___0___ März habe ich bei Ihnen eine Urlaubsreise ___1___ Antalya gebucht. Ich bin gestern aus dem Urlaub zurückgekommen und leider nicht zufrieden. In ___2___ Katalog haben Sie geschrieben, dass das Hotel sehr ruhig ___3___, aber das ist falsch. Nachts war es ___4___ laut, denn neben dem Hotel ist eine Diskothek. Wir ___5___ nicht schlafen.
Auf dem Hinflug hatten wir auch noch sieben Stunden Verspätung ___6___ auf dem Rückflug waren es fünf Stunden. Den nächsten Urlaub buchen wir nicht wieder bei Ihnen.

Mit freundlichen Grüßen

Alfred Mecker

0	A	☐ um	2	A	☐ Ihrem	4	A	☐ nicht	6	A	☐ weil
	B	☒ im		B	☐ deinem		B	☐ sehr		B	☐ ob
	C	☐ am		C	☐ ihrem		C	☐ mehr		C	☐ und

1	A	☐ nach	3	A	☐ sein	5	A	☐ können
	B	☐ zu		B	☐ sind		B	☐ konnten
	C	☐ aus		C	☐ ist		C	☐ kann

Schreiben

Wählen Sie Aufgabe A oder Aufgabe B. Zeigen Sie, was Sie können. Schreiben Sie möglichst viel.

Aufgabe A

Sie wollen Ihre Wohnung streichen. Ihr Freund Martin soll Ihnen helfen. Schreiben Sie Ihrem Freund einen Brief.

Schreiben Sie etwas zu folgenden Punkten:
- Grund für Ihren Brief
- Vorschlag für einen Termin
- Welche Zimmer?

Aufgabe B

Sie wollen mit einem Kollegen / einer Kollegin zusammen Deutsch lernen. Schreiben Sie ihm / ihr eine kurze Nachricht.

Schreiben Sie etwas zu folgenden Punkten:
- Grund für Ihre Nachricht
- Vorschlag für einen Termin
- Vorschlag für einen Treffpunkt

Lesen Sie Ihren Brief / Ihre Nachricht noch einmal und achten Sie auf folgende Punkte:

CHECKLISTE

- ☐ Haben Sie alle 3 Punkte behandelt?
- ☐ Haben Sie das Datum ergänzt?
- ☐ Ist die Anrede korrekt?
- ☐ Haben Sie eine Grußformel ergänzt?
- ☐ Haben Sie unterschrieben?
- ☐ Haben Sie die Anredeformen *Sie/Ihnen/Ihr* groß geschrieben?
- ☐ Haben Sie die Nomen groß geschrieben?
- ☐ Kontrollieren Sie die Artikel: *der, die, das*
- ☐ Kontrollieren Sie die Verbformen: *ich schreibe – Sie schreiben*
- ☐ Kontrollieren Sie die Satzzeichen: Zwischen Haupt- und Nebensatz steht ein Komma. Am Ende vom Satz steht ein Punkt.

Treffpunkte

1 Sehen Sie die Fotos an und ergänzen Sie die Sätze.

> schlecht • gut • einsam • ernst • wohl

1 Die Stimmung ist ....

2 Sie fühlt sich ....

3 Er sieht .... aus.

4 Die Stimmung ist ....

5 Sie fühlt sich ....

2 Auf dem Land und in der Stadt. Lesen Sie die Texte und kreuzen Sie an. Was ist richtig?

Ich wohne in einer Großstadt und ich habe viel Kontakt mit anderen Leuten. Meine Nachbarn kenne ich aber nicht so gut. Wir sagen nur „Guten Tag", wenn wir uns sehen. Meine Freunde sind Kollegen von der Arbeit und Freunde, die ich von früher kenne. Ich sehe sie leider nicht mehr so oft. Meine Frau und ich haben auch noch andere Eltern kennengelernt. Unsere Kinder gehen zusammen in den Kindergarten. Am Wochenende unternehmen wir manchmal etwas zusammen.

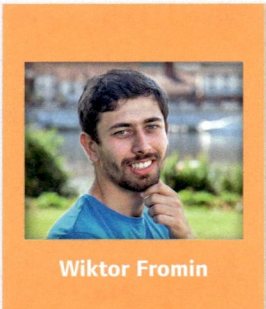

Wiktor Fromin

1 ☐ Wiktor Fromin wohnt in der Stadt.

2 ☐ Er hat viel Kontakt mit seinen Nachbarn.

3 ☐ Er unternimmt oft etwas mit Arbeitskollegen.

4 ☐ Er hat keine Kinder.

Ich bin vor zwei Jahren von Köln in ein Dorf umgezogen. Es ist schön hier, aber es gibt auch ein Problem: Die anderen kennen sich gut. Sie sind schon als Kinder zusammen in die Schule gegangen und sie unternehmen viel gemeinsam. Ich weiß noch nicht, wie ich sie kennenlernen kann. Im Moment habe ich nur Kontakt zu Leuten, die auch neu hier sind. Das ist schade.

Mauricio Schwarze

1 ☐ Mauricio Schwarze wohnt auf dem Land.

2 ☐ Er ist früher in dem Dorf zur Schule gegangen.

3 ☐ Er hat auf dem Land keine Kontakte.

4 ☐ Er will gerne Leute kennenlernen, die schon länger im Dorf wohnen.

A   Ehrenamtlich arbeiten

3a   Im Nachbarschaftshaus. Was passt? Ordnen Sie zu.

das Nachbarschaftshaus:

1	Kurse	A	organisieren
2	Hausaufgabenhilfe	B	arbeiten
3	bei Problemen	C	helfen
4	interkulturell	D	anbieten

die Besucher:

1	sich sozial	A	lassen
2	Sport	B	kommen
3	zu den Veranstaltungen	C	engagieren
4	sich beraten	D	kennenlernen
5	Leute	E	machen

3b   Schreiben Sie Sätze mit den Wörtern aus 3a in Ihr Heft.

4   Kreuzworträtsel. Lesen Sie die Sätze und ergänzen Sie die Wörter im Rätsel.

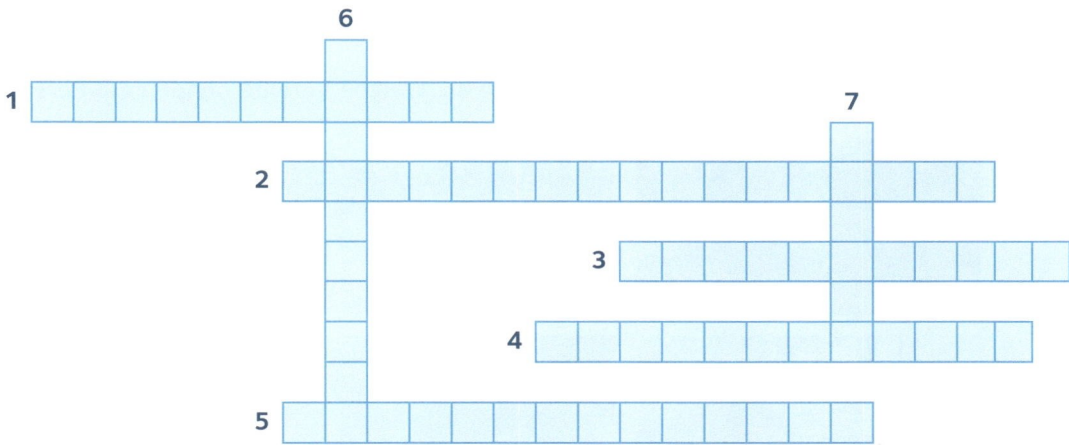

1   Wenn eine Person körperliche Probleme hat, sie z. B. nicht laufen kann, hat sie eine …
2   Schüler können nachmittags im Nachbarschaftshaus für die Schule lernen. Sie gehen zur …
3   Personen zwischen 14 und 18 Jahren sind …
4   In einer …. treffen sich Frauen und reden miteinander.
5   Ich habe ein Problem mit dem Vermieter und gehe zur …
6   Personen, die älter als 18 Jahre sind, sind …
7   Personen unter 14 Jahren sind …

5 Familie Schreiner. Ergänzen Sie die Verben in der richtigen Form.

> wollen • besuchen • ~~gehen~~ • bekommen •
> brauchen • treffen • teilnehmen • anbieten

Magda Schreiner ist 71 Jahre alt, sie _geht_ gern zum Nachbarschaftshaus.

Sie .... immer mittwochs am Seniorentreff .... Sie hat viele

Informationen über die Kurse im Nachbarschaftshaus .... und das Haus

.... ihr oft Hilfe .... Manchmal .... sie Hilfe mit

Formularen, weil sie nicht alles versteht. Dann geht sie zur Formularhilfe. Ihre Tochter

Tatjana geht zur Internationalen Frauengruppe im Nachbarschaftshaus. Die Gruppe

.... sich immer am Dienstagabend. Tatjanas Mann Igor kommt aus Russ-

land, er lebt erst seit drei Monaten in Deutschland. Er lernt Deutsch und

.... einen Deutschkurs. Wenn Igor besser Deutsch kann, ...

er gern in die Theatergruppe gehen. In Russland hat er auch Theater gespielt.

B Vereine

🔊 2.32 **6a** Hören Sie die Interviews und kreuzen Sie an. Welche Vereine nennen die Personen?

🔊 2.32 **6b** Hören Sie noch einmal und kreuzen Sie an: Richtig oder falsch?

		R	F
1	Der Verein von Herrn Meier trifft sich nur im Januar und Februar.	☐	☐
2	In seinem Verein gibt es nur Tanzgruppen für Kinder.	☐	☐
3	Das große Karnevalsfest ist im Februar.	☐	☐
4	Frau Kandinsky kennt alle Vereinsmitglieder.	☐	☐
5	Frau Kandinsky macht Sport, damit sie keine Rückenschmerzen hat.	☐	☐
6	An der Gruppe von Frau Kandinsky nehmen Männer und Frauen teil.	☐	☐

7a Wiederholung: Zahlen. Ergänzen Sie und lesen Sie dann laut.

hunderttausend • zehn • eine Million • eintausend • hundert Millionen •
zehntausend • zehn Millionen • eine Milliarde • einhundert

1 10 .... **4** 10 000 .... **7** 10 000 000 ....

2 100 .... **5** 100 000 .... **8** 100 000 000 ....

3 1 000 .... **6** 1 000 000 .... **9** 1 000 000 000 ....

🔊 2.33 **7b** Welche Zahl hören Sie? Hören Sie das Interview und kreuzen Sie an.

1 Deutschland hat ungefähr ☐ 82 000 000 ☐ 28 000 000 Einwohner.

2 Berlin hat mehr als ☐ 3 400 000 ☐ 2 400 000 Einwohner.

3 2014 haben ungefähr ☐ 1 190 000 ☐ 11 900 000 Touristen in Berliner Hotels übernachtet.

4 Es gibt ☐ 250 000 ☐ 25 000 Fußballvereine in Deutschland.

5 Die Fußballvereine in Deutschland haben ungefähr ☐ 690 000 ☐ 6 900 000 Mitglieder.

6 Mehr als ☐ 100 000 ☐ 1 000 000 Frauen sind Mitglied in einem Fußballverein.

8a Wiederholung: Relativsätze. Ergänzen Sie die Relativpronomen.

1 Menschen, ... sich in sozialen Vereinen engagieren, helfen anderen
Menschen in schwierigen Situationen.

2 In Deutschland gibt es viele Vereine, ... sehr aktiv sind.

3 In vielen Vereinen muss man einen Mitgliedsbeitrag zahlen, ... häufig nicht
sehr hoch ist.

4 Die Vereinsmitglieder organisieren ein Fest, ... auch die Leute aus der
Nachbarschaft besuchen können.

8b Verbinden Sie die Sätze.

1 Ulyana ist eine Schülerin. Sie hilft Frau Bauer.

Ulyana ist eine Schülerin, die ....

2 „Jugend aktiv" ist ein Projekt. Das Nachbarschaftshaus bietet das Projekt an.

....

3 Der FC Bayern München ist ein Fußballverein. Viele Leute kennen den Verein.

....

4 Der Verein bietet Beratungen an. Die Beratungen sind für viele Menschen wichtig.

....

5 Das Nachbarschaftshaus bietet viele Projekte an. Die Projekte sind ein Treffpunkt für die
Nachbarn.

....

9 **Ergänzen Sie die Relativpronomen mit den Präpositionen.**

> mit dem • in dem • für die • ohne das • zu dem

1 Das ist mein Freund Tim, ... ich zusammen im Fußballverein bin.

2 Das Handballspiel, ... wir gehen wollten, fällt leider aus.

3 Ich möchte in einen Verein gehen, ... ich Musik machen kann.

4 Karneval ist ein Fest, ... der Winter für mich langweilig ist.

5 Der Freundschaftsverein organisiert Veranstaltungen, ... ich mich interessiere.

10a **Was passt zusammen? Ordnen Sie zu.**

1 Die alte Frau ist meine Nachbarin,   **A** mit der ich in den Urlaub fahre.
2 Das ist meine Freundin,   **B** für die ich manchmal einkaufe.
3 Das ist der Bus,   **C** auf dem wir jeden Samstag einkaufen.
4 Das ist der Markt,   **D** von denen ich viel gelernt habe.
5 Das ist die Schule,   **E** in der ich Abitur gemacht habe.
6 Das sind die Lehrer,   **F** mit dem ich zur Arbeit fahre.

10b **Schreiben Sie die Sätze aus 10a wie im Beispiel in Ihr Heft.**

1. Die alte Frau ist meine Nachbarin. Ich kaufe für die Nachbarin manchmal ein.

11 **Mariam erzählt. Relativsätze mit Präpositionen. Schreiben Sie die Sätze wie im Beispiel.**

1 Die Firma Richter, für die ich arbeite, ist in Offenbach.

   Ich arbeite für die Firma Richter. Die Firma ist in Offenbach.

2 Meine Kollegen, mit denen ich gut zusammen arbeite, sind alle sehr nett.

....

3 Die Kantine, in der ich zu Mittag esse, hat auch eine Terrasse.

....

4 Der Termin, zu dem auch meine Kollegen aus Hamburg kommen, findet am Freitag statt.

....

5 Der Zug, mit dem ich jeden Morgen zur Arbeit fahre, hat selten Verspätung.

....

6 Der Tanzkurs, an dem ich teilnehme, fällt morgen aus.

....

12 **Mitglied in einem Verein sein. Lesen Sie den Text und ergänzen Sie die Sätze.**

Heide Jordan

Ich bin seit 15 Jahren Mitglied im Basketballverein. Ich habe mit 13 angefangen, denn meine Freundin Anna wollte Basketball spielen. Ich habe dann auch sehr gern gespielt und ich war viele Jahre im Verein sehr aktiv. Jetzt habe ich leider nicht mehr so viel Zeit. Ich habe einen Sohn und ich arbeite wieder. Meine freie Zeit will ich mit meiner Familie verbringen. Aber ich bleibe Mitglied im Verein, denn ich habe da viele Freunde. Natürlich nehme ich immer an den Vereinsfesten teil und ich organisiere sie auch zusammen mit den anderen.

1 Heide Jordan ist als Jugendliche Mitglied im Basketballverein geworden, weil

....

2 Sie ist jetzt nicht mehr so aktiv, weil ....

3 Sie bleibt im Verein, weil ....

13 **Was ist…? Ergänzen Sie die Relativsätze.**

1 Was ist ein Sportverein? Man macht Sport in dem Verein.

Ein Sportverein ist ein Verein, *in dem man Sport macht*..

2 Was ist ein Theaterverein? Man spielt Theater in dem Verein.

Ein Theaterverein ist ein Verein, ...

3 Was ist ein Vereinsfest? Der Verein organisiert das Fest.

Ein Vereinsfest ist ein Fest, ...

4 Was ist „Jugend hilft"? Junge Leute können sich in dem Projekt engagieren.

„Jugend hilft" ist ein Projekt, ...

5 Was ist eine ehrenamtliche Arbeit? Man bekommt kein Geld für die Arbeit.

Eine ehrenamtliche Arbeit ist eine Arbeit, ...

6 Was ist der Singkreis? Die Leute aus der Nachbarschaft singen zusammen in der Gruppe.

Der Singkreis ist eine Gruppe, ...

14 **Sind Sie Mitglied in einem Verein? Möchten Sie Mitglied werden? Schreiben Sie fünf Sätze über sich oder Ihre Familie in Ihr Heft.**

C Telefonieren

15 Telefonanrufe. Ergänzen Sie die Dialoge.

> belegt • verwählt • Durchwahl • Ursache • falsch verbunden • verbinden

1 • Guten Tag, mein Name ist Strotmann. Können Sie mich mit Frau Spies _____?

  • Tut mir leid, Frau Spies kommt heute erst um 13.00 Uhr.

  • Könnten Sie mir bitte die _____ von Frau Spies geben?

2 • Ist da nicht das Bürgeramt?

  • Nein, hier ist das Standesamt. Sie sind _____.

  • Entschuldigen Sie bitte die Störung, dann habe ich mich _____.

  • Keine _____.

3 • Alle Plätze sind zurzeit _____. Bitte legen Sie nicht auf.
  • Oh, nein.

🔊 2.34 **16** Textkaraoke. Hören, lesen und sprechen Sie die 👄-Rolle im Dialog.

👂 …

👄 Guten Tag, mein Name ist… Können Sie mir sagen, was ein Stand auf dem Straßenfest kostet?

👂 …

👄 Können Sie mich bitte verbinden?

👂 …

👄 Wie ist die Durchwahl?

👂 …

👄 255, vielen Dank, auf Wiederhören.

👂 …

17 Schreibtraining. Vereine. Welche Wörter schreibt man groß? Ergänzen Sie die Satzzeichen. Schreiben Sie den Text richtig in Ihr Heft.

> , , , , ...

Fehler +++ Fehler +++ Fehler

in deutschland gibt es viele hunderttausend vereine in denen viele millionen menschen aktiv sind man findet sportvereine oder kulturvereine aber auch soziale vereine die menschen in schwierigen situationen helfen wenn man zum beispiel fußball spielen möchte kann man sich in einem fußballverein anmelden dann bezahlt man einen mitgliedsbeitrag und kann am vereinsleben teilnehmen

18a Lesen Sie den Text und ergänzen Sie die Beitrittserklärung.

Elias Verne spielt Trompete und möchte gern mit anderen zusammen spielen. Er möchte Mitglied im Musikverein werden. Er kommt aus Frankreich und spricht noch nicht so gut Deutsch. Elias Verne ist am 23. Mai 1984 geboren. Er wohnt in 72458 Albstadt, in der Hauptstraße 14. Er hat ein Konto bei der Volksbank Albstadt. Die IBAN ist DE18 6539 0120 0000 0027 und der BIC ist GENODES1EBI.

Beitrittserklärung

☐ Ja, ich werde Mitglied im Musikverein Albstadt 1980 e.V.

Name: ....

Geburtsdatum: ....

Straße: ....

PLZ, Ort: ....

☐ aktives Mitglied, Instrument: ....
☐ passives Mitglied

Kündigung ist ohne Kündigungsfrist zum jeweiligen Kalenderjahresende möglich.

Der Jahresbeitrag beträgt derzeit 30,00 Euro pro Kalenderjahr.

Einzugsermächtigung:
Mit dem Lastschrifteinzug des Jahresbeitrags bin ich einverstanden.

Bank: ....

IBAN: ....

BIC: ....

Datum, Unterschrift: *3.4.2016, Elias Verne* ....

18b Lesen Sie die Beitrittserklärung noch einmal und beantworten Sie die Fragen.

1 Wie viel muss Herr Verne pro Monat bezahlen?
2 Ist Herr Verne aktives oder passives Mitglied?
3 Wenn Herr Verne heute kündigt, wann endet der Vertrag?

18c Was ist eine Einzugsermächtigung? Kreuzen Sie an.

A ☐ Die Bank bekommt von mir den Auftrag, dass sie das Geld an den Empfänger, zum Beispiel den Musikverein, überweist.

B ☐ Ich erlaube dem Empfänger, zum Beispiel dem Musikverein, dass er sich das Geld von meinem Konto holt.

lachen ....

lächeln ....

Sport treiben ....

ernst ....

A Ehrenamtlich arbeiten

ehrenamtlich ....

freiwillig ....

sich engagieren ....

das Nachbarschaftshaus, "-er ....

der Verein, -e ....

gemeinnützig ....

lebendig ....

der/die Bewohner/in, -/-nen ....

der Stadtteil, -e ....

der/die Jugendliche, -n ....

der/die Erwachsene, -n ....

vielfältig ....

die Veranstaltung, -en ....

die Begegnung, -en ....

der Austausch, Sg. ....

sozial ....

die Hausaufgabenhilfe, -n ....

die Theatergruppe, -n ....

die Rechtsberatung, Sg. ....

die Frauengruppe, -n ....

die Lohnsteuerhilfe, Sg. ....

die Behinderung, -en ....

die Jugend, Sg. ....

der/die Rentner/in, -/-nen ....

B Vereine

der Turnverein, -e ....

der Fußballverein, -e ....

der Kleingartenverein, -e ....

das Vereinsleben, Sg. ....

der Sportverein, -e ....

der Freundschaftsverein, -e ....

das Mitglied, -er ....

der Mitgliedsbeitrag, "-e ....

sich ein}setzen für ....

die Gerechtigkeit, Sg. ....

die Solidarität, Sg. ....

die Beratung, -en ....

C Telefonieren

der/die Anrufer/in, -/-nen ....

die Telefonzentrale, -n ....

verbinden ....

falsch verbunden ....

die Durchwahl, -en ....

etwas aus}richten ....

eine Nachricht hinterlassen ....

zurück}rufen ....

sich verwählen ....

zurzeit ....

belegt ....

auf}legen ....

die Störung, -en ....

Keine Ursache! ....

zuständig sein ....

der Stand, "-e ....

die Autoanmeldung, -en .... die Strafe, -n ....

das Gewerbeamt, "-er .... die Abrechnung, -en ....

die Stadtverwaltung, -en .... aus}ziehen ....

der Verkehrsverbund, "-e ....

die Stadtwerke, Pl. ....

die Monatskarte, -n ....

1a Was passt zusammen? Ordnen Sie zu.

1	eine Strafe	A entschuldigen
2	die Durchwahl	B geben
3	die Störung	C werden
4	Mitglied	D organisieren
5	eine Veranstaltung	E bezahlen

1b Lesen Sie die Kombinationen laut. Schreiben Sie dann Sätze mit den Wörtern.

Mitglied in einem Verein sein   Feste organisieren   Beratungen anbieten

einen Mitgliedsbeitrag zahlen   sich im Verein anmelden

in schwierigen Situationen helfen   an Angeboten teilnehmen   sich für soziale Gerechtigkeit einsetzen

2 Was ist das? Ergänzen Sie die Sätze.

> Mit • Haus • Te • glieds • auf • tra • le •
> ga • ben • hil • bei • fon • zen • trag • le • fe

1 Das muss man bezahlen, wenn man in einem Verein ist: der *Mitgliedsbeitrag* ....

2 Wenn Kinder in der Schule etwas nicht verstanden haben, können sie zur .... gehen.

3 Wenn man bei einer Behörde anruft, dann kommt man meistens zur ....

🔊 3 Wörter hören und nachsprechen. Hören Sie zu und sprechen Sie nach.
2.35

1 organisieren – sich engagieren – sich beraten lassen

2 der Verein – die Veranstaltung – das Mitglied – der Mitgliedsbeitrag

3 freiwillig – ehrenamtlich – unterschiedlich

4 die Autoanmeldung - das Gewerbeamt - die Stadtverwaltung

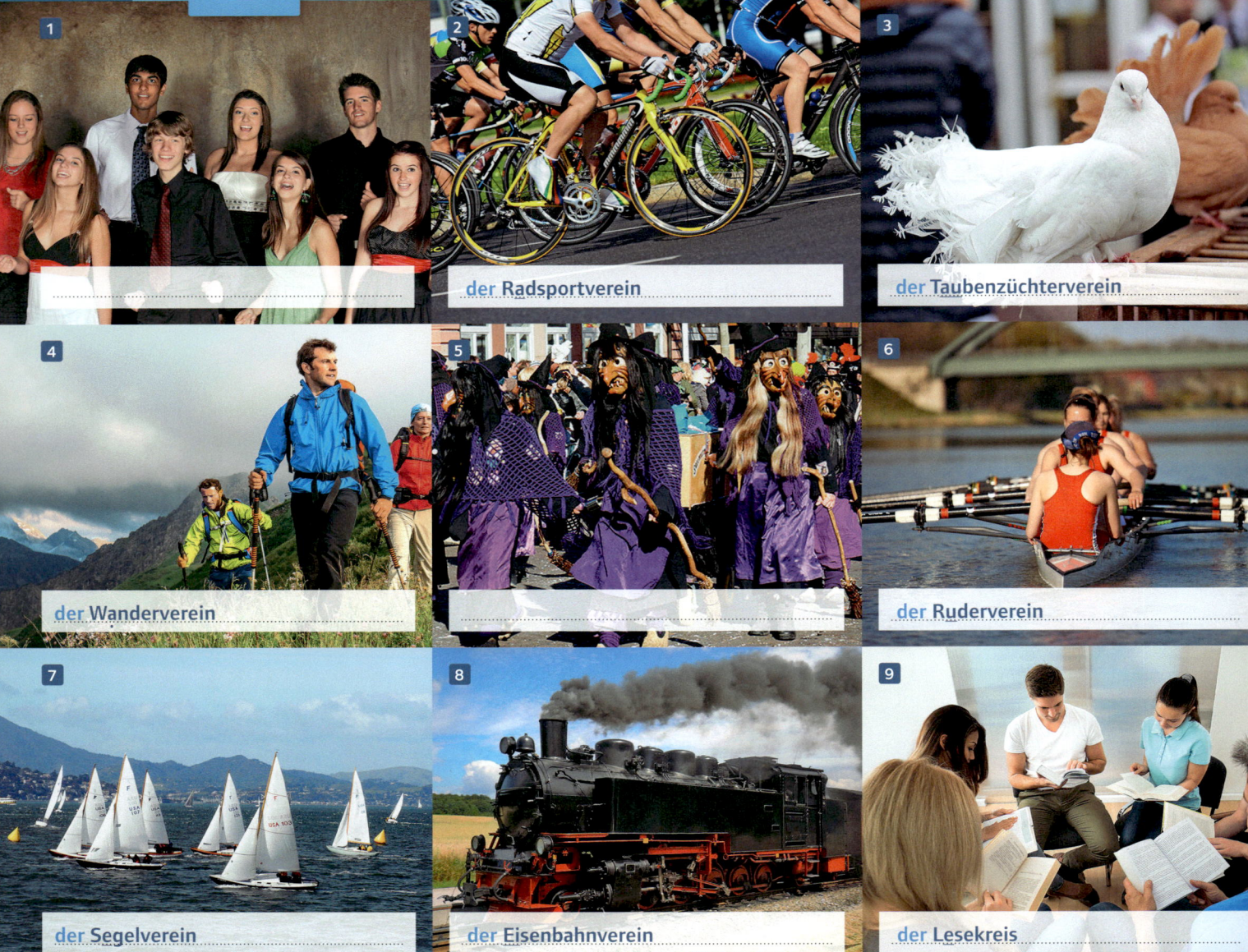

1 ....

2 der **Radsportverein**

3 der **Taubenzüchterverein**

4 der **Wanderverein**

5 ....

6 der **Ruderverein**

7 der **Segelverein**

8 der **Eisenbahnverein**

9 der **Lesekreis**

4   Ordnen Sie die Wörter den Fotos zu.

> der Fußballverein • der Gesangsverein • der Karnevalsverein •
> der Kleingartenverein • der Turnverein

5   Hören Sie die Wörter und sprechen Sie nach.
2.36

6   Welcher Verein passt zu den Personen? Ordnen Sie zu.

1 ☐ Frau Ganbold interessiert sich für Malerei und Kunst.
2 ☐ Familie Oniashvili ist gerne im Grünen und sie essen gerne frisches Gemüse.
3 ☐ Herr Kryst fährt viel Fahrrad und will gerne an einem Radrennen teilnehmen.
4 ☐ Frau Teneggi ist in ihrer Freizeit gerne in den Bergen.
5 ☐ Herr Lauritzen interessiert sich für alte Dampflokomotiven.
6 ☐ Frau Moro möchte sich gerne für Tiere engagieren, die keinen Besitzer haben.
7 ☐ Frau Rajna liest gerne und interessiert sich für klassische Literatur.

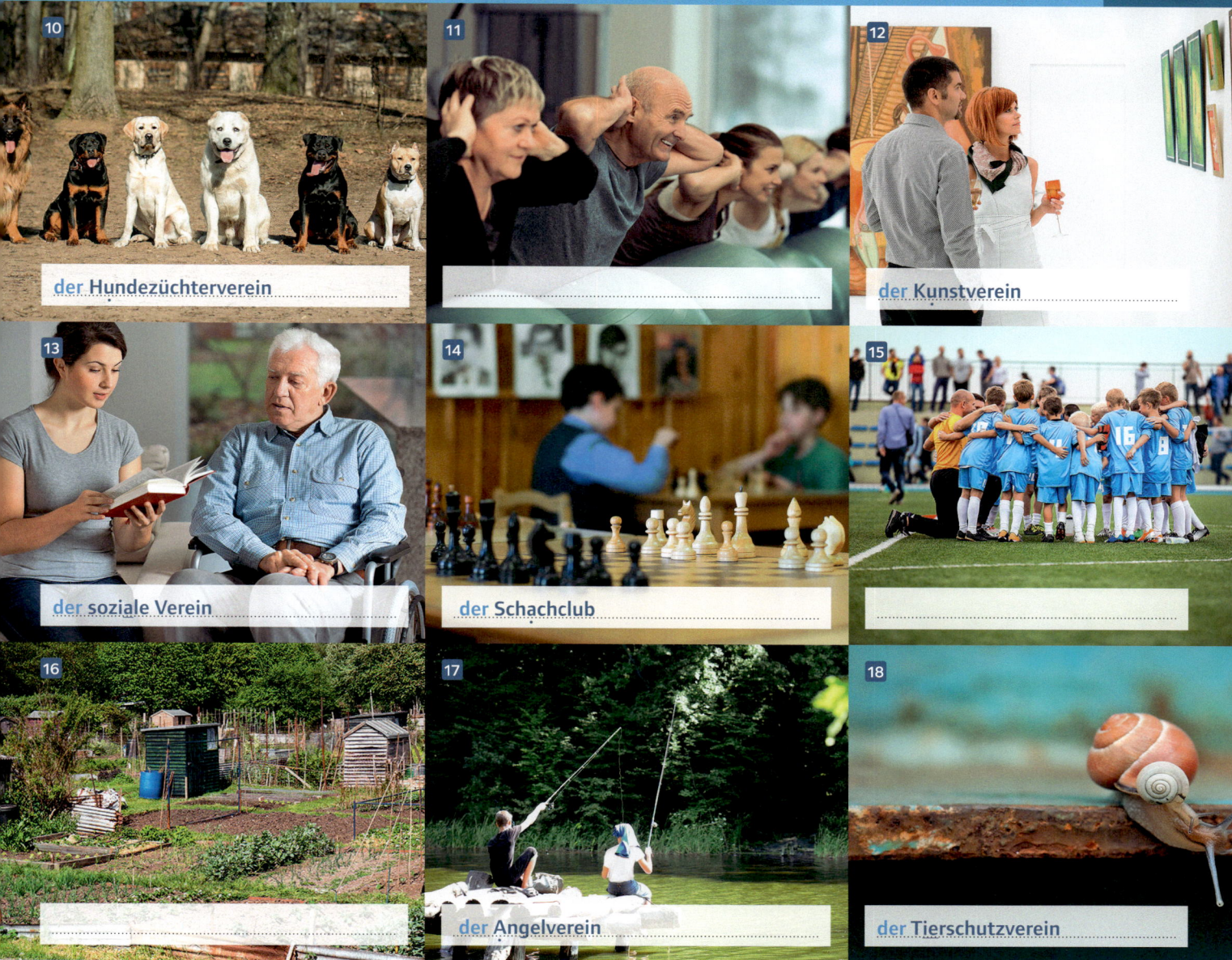

der Hundezüchterverein

der Kunstverein

der soziale Verein

der Schachclub

der Angelverein

der Tierschutzverein

7 **Was macht man in den Vereinen? Ordnen Sie die Tätigkeiten zu und schreiben Sie Sätze.**

Schach spielen • gemeinsam singen • zusammen Gymnastik machen •
Kunst ansehen • wandern gehen • Fußball spielen • gemeinsam trainieren •
segeln gehen • zusammen lesen • über Literatur reden • Tauben züchten •
Menschen in schwierigen Situationen helfen • Tieren helfen • die Umwelt schützen •
im eigenen Garten arbeiten • zusammen rudern • angeln •
sich verkleiden • zusammen feiern • malen • …

8 **In welchem Verein würden Sie gerne Mitglied sein? Berichten Sie im Kurs.**

Ich würde gern Mitglied im Schachclub sein, weil ich gern Schach spiele.

Ich würde gern Mitglied im Fußballverein sein. Ich möchte gern mehr Sport machen.

Banken und Versicherungen

1 **Wiederholung: Wichtige Wörter zum Thema Bank. Ergänzen Sie die Wörter.**

1 Der K _ nt _ _ _ sz _ g zeigt, wieviel Geld man auf dem K _ nt _ hat.

2 Ist hier ein G _ ld _ _ t _ m _ t in der Nähe? Ich brauche 200 Euro.

3 Ich will Geld an den Handballverein _ b _ rw _ _ s _ n, aber ich habe keine
B _ nkv _ rb _ nd _ ng.

2a **Was passt? Ergänzen Sie die passenden Verben.**

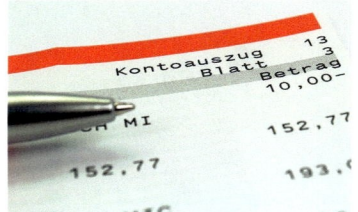

> ~~einzahlen~~ • machen • eröffnen • anlegen • wechseln •
> holen • beantragen • überweisen • machen • abheben

1 eine Überweisung _____

2 ein Konto _____

3 Kontoauszüge _____

4 einen Kredit _____

5 eine Online-Überweisung _____

6 Geld *einzahlen*, _____, _____, _____, _____

2b **Lesen Sie die Sätze und ergänzen Sie Verben aus 2a.**

1 Sara _____ Geld am Schalter _____, weil der Geldautomat kaputt ist.

2 Sie kann jeden Monat 300 Euro an ihre Mutter _____, weil sie gut verdient.

3 Wartest du kurz auf mich? Ich _____ noch schnell die Kontoauszüge
am Geldautomaten.

4 Guten Tag, ich möchte bei Ihrer Bank gerne ein Konto _____.

5 Wir wollen ein Haus bauen und _____ jetzt einen Kredit bei der Bank.

3 **Wiederholung: Perfekt. Ergänzen Sie das Partizip.**

● Joel, warst du bei der Bank und hast du das Geld für Tina _____?
(überweisen)

● Das konnte ich nicht machen. Wir haben nicht genug Geld auf dem Konto.

● Aber hast du nicht vor drei Tagen 500 € _____? (einzahlen)

● Doch, aber ich habe gestern wieder 150 € _____. Ich musste die
Autoreparatur bezahlen. (abheben)

● Ach ja, das habe ich _____. (vergessen)

A Auf der Bank

🔊 2.37 **4a** Was möchte Frau Koch machen? Hören Sie den Dialog und kreuzen Sie an.

1 ☐ sich über Bankgebühren informieren   2 ☐ ein Konto eröffnen

🔊 2.37 **4b** Hören Sie noch einmal und kreuzen Sie an: Richtig oder falsch?

		R	F
1	Frau Koch möchte für Freunde ein Privatkonto eröffnen.	☐	☐
2	Ihre Freunde brauchen das Konto für ihr Gehalt.	☐	☐
3	Das Konto *Giro extra* ist kostenlos.	☐	☐
4	Frau Koch eröffnet das Konto sofort.	☐	☐

🔊 2.38 **5a** Ein Gespräch auf der Bank. Ergänzen Sie den Dialog und kontrollieren Sie mit dem Hörtext.

> Vielen Dank für Ihre Hilfe. • In Ordnung. Muss mein Mann mitkommen, wenn ich das Formular wieder abgebe? • Guten Tag, ich habe bei Ihnen ein Girokonto und mein Mann braucht jetzt auch eine EC-Karte für das Konto. • Moment… das ist die DE 07 50010060 025443306.

- Was kann ich für Sie tun?

👄 ....

....

- Wie ist Ihre IBAN?

👄 ....

....

- Vielen Dank. Bitte füllen Sie dieses Formular aus. Ihr Mann und Sie müssen beide unterschreiben.

👄 ....

....

- Nein, das muss nicht sein. Wenn Sie das Formular abgegeben haben, dauert es 10 bis 14 Tage.

👄 ....

🔊 2.38 **5b** Hören, lesen und sprechen Sie die 👄-Rolle im Dialog.

6a Wiederholung: Verben mit Präpositionen. Welche Präposition ist richtig? Markieren Sie.

1 sich ärgern   von (über) mit
2 sich bewerben   um   an   zu
3 denken   über mit   an
4 sich interessieren   für bei   an
5 sprechen   über zu   für
6 warten   an   auf   zu
7 sich freuen   auf an   um
8 teilnehmen   für zu   an
9 träumen   an   für   von
10 sich informieren   über auf   an

6b Die neue Wohnung. Lesen Sie den Text und ergänzen Sie die Präpositionen.

Anita und Markus interessieren sich .... einen Kredit, denn sie wollen eine Wohnung kaufen. Am

Montag haben sie mit dem Bankberater .... den

Kredit gesprochen. Jetzt warten sie .... den Bescheid, ob sie den Kredit bekommen. Wenn Sie den

Kredit nicht bekommen, dann ärgern sie sich .... den Bankberater. Aber wenn

sie den Kredit bekommen, dann freuen sie sich .... die neue Wohnung.

7a Fragewörter bei Verben mit Präpositionen. Lesen Sie die Antworten und unterstreichen Sie die Person in <u>Schwarz</u> und die Sache in <u>Rot.</u>

1 Ich freue mich *auf meinen Geburtstag*.
2 Sie wartet *auf ihren Freund*.
3 Er wartet *auf den Bus*.
4 Sie sprechen *mit dem Bankberater*.
5 Er nimmt *an einem Deutschkurs* teil.
6 Viele Menschen engagieren sich *für soziale Vereine*.
7 Dieses Buch ist interessant *für den Deutschkurs*.
8 Ich habe mich sehr *über meinen Chef* geärgert.
9 Ich habe heute Nacht *von dir* geträumt.
10 Er träumt *von einem schönen Urlaub*.
11 Sie denkt *an ihre Arbeit*.
12 Sie interessiert sich *für klassische Musik*.

7b Schreiben Sie Fragen zu den Sätzen aus 7a in Ihr Heft.

1 Worauf freust du dich?

2 Auf wen wartet sie?

8 Fragen über Samir. Schreiben Sie Antworten zu den Fragen in Ihr Heft.

> die Geburtstagsparty • das Auto • seine Familie • das Wochenende • seine Kollegen

1 Mit wem fährt Samir zur Arbeit?
2 Womit fährt er zur Arbeit?
3 Für wen kauft er im Supermarkt ein?
4 Wofür kauft Samir im Supermarkt ein?
5 Wozu lädt er seine Freunde ein?

> *1 Er fährt mit ...*

Samir, 36 Jahre

B   Versicherungen

9 Welche Versicherung hilft? Ordnen Sie zu.

A Rechtsschutzversicherung   **C** Hausratversicherung
B Krankenversicherung   **D** Haftpflichtversicherung

1 ☐ Herr Schwabe hat starke Zahnschmerzen. Er geht zum Zahnarzt.
2 ☐ Ich habe Probleme mit meinem Vermieter und brauche einen Rechtsanwalt.
3 ☐ Frau Oniashvili hat eine teure Lampe von ihrer Nachbarin kaputt gemacht.
4 ☐ Aus der Waschmaschine von Familie Müller ist Wasser in die Wohnung gelaufen.
Jetzt sind viele Möbel kaputt.

🔊 2.39 **10a** Anruf bei der Versicherung. Ordnen Sie den Dialog. Kontrollieren Sie dann mit dem Hörtext.

- [1] Guten Tag, Hamburger Versicherung, Neumaier, was kann ich für Sie tun?
- ☐ Vielen Dank, die Sache erledigt unsere Schadensabteilung für Sie. Wenn wir noch Fragen haben, rufen wir Sie an.
- ☐ Wie ist Ihre Versicherungsnummer?
- ☐ Können Sie mir auch den Namen, die Adresse und die Telefonnummer von Ihrem Nachbarn sagen?
- ☐ Und das Auto von Ihrem Nachbarn hat jetzt einen Schaden?

- ☐ Das ist die 0749876.
- ☐ Vielen Dank, auf Wiederhören.
- ☐ Er heißt Timo Berg und wohnt in der Arndtstraße 40 in 44135 Dortmund, die Telefonnummer ist 0231 4711 665.
- [2] Ich möchte eine Schadensmeldung machen. Ich bin mit meinem Auto gegen das Auto von meinem Nachbarn gefahren.
- ☐ Ja, vorne an der Autotür rechts.

10b Suchen Sie im Dialog in 10a Komposita. Welche Wörter finden Sie? Schreiben Sie sie wie im Beispiel in Ihr Heft.

> *die Schadensmeldung = der Schaden + die Meldung*

11a Komposita. Was ist das? Schreiben Sie wie im Beispiel.

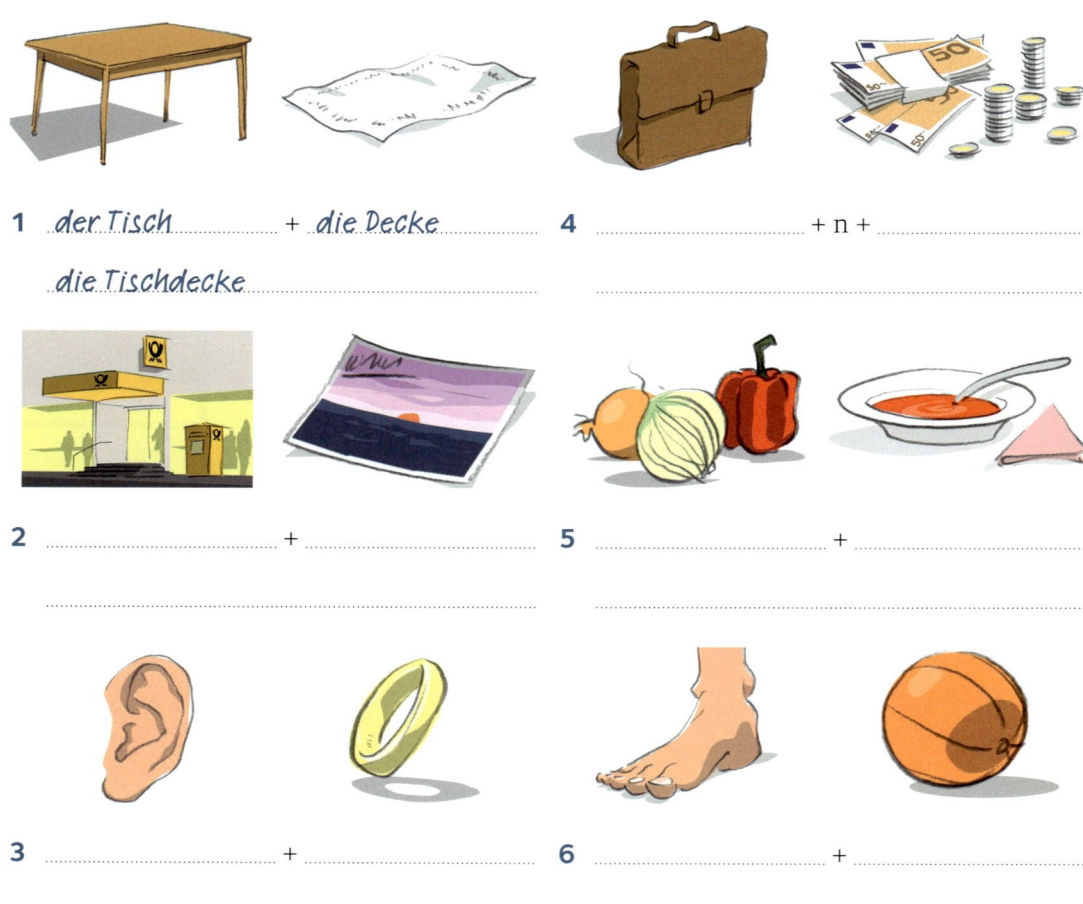

1 *der Tisch* .... + *die Decke* ....   4 .... + n + ...

   die Tischdecke ....

2 .... + ...   5 .... + ...

   ....

3 .... + ...   6 .... + ...

   ....

11b Wiederholung: Relativsätze. Was bedeuten die Wörter aus 11a? Schreiben Sie Relativsätze wie im Beispiel in Ihr Heft.

> Man schreibt die Karte oft aus dem Urlaub. • Man trägt den Ring am Ohr. •
> ~~Man legt die Decke auf den Tisch.~~ • Kinder bekommen das Geld von ihren Eltern. •
> Man spielt mit dem Ball Fußball. • Man kocht die Suppe aus Gemüse.

Eine Tischdecke ist eine Decke, die man auf den Tisch legt.

12 Ordnen Sie zu und schreiben Sie Relativsätze wie in 11b.

1 das Skigebiet   A An dem Ort arbeiten viele Ärzte.

2 die Autowerkstatt   B Mit dieser Person arbeitet man zusammen.

3 das Ärztehaus   C In dem Zimmer arbeitet man.

4 das Arbeitszimmer   D In dem Gebiet kann man Ski fahren.

5 der Tanzkurs   E In dem Kurs lernt man tanzen.

6 das Adressbuch   F An dem Ort lässt man sein Auto reparieren.

7 die Arbeitskollegin   G In dem Buch stehen viele Adressen.

C Kaufen und reklamieren

13 Lesen Sie den Prospekt. Beschreiben Sie die Vorteile und Nachteile von den Kaffee-
maschinen. Ergänzen Sie die Sätze.

Kaffeemaschine Senso

Für 10 Tassen.   112,95 €
Garantie: 2 Jahre

Kaffeemaschine Avanti

Für 6 Tassen.   27,95 €
Garantie: 1 Jahr

1 Der Vorteil von der Kaffeemaschine .... ist, dass ....
....

2 Ich finde gut, dass ....

3 Die Kaffeemaschine .... hat den Nachteil, dass ....

4 Wenn man wenig Geld hat, ist die ....

5 Schlecht ist, dass ....

14 Was sagt der Kunde? Ergänzen Sie den Dialog. Schreiben Sie Sätze mit den Wörtern im
Schüttelkasten.

> sehr teuer • sich für eine Digitalkamera interessieren •
> die Digitalkamera nehmen • wie lange Garantie?

●   Guten Tag, kann ich Ihnen helfen?

●   *Guten Tag,* ....

●   Wir haben gerade diese Digitalkamera im Angebot, für 459 €.

●   ....

●   Dann haben wir noch diese Kamera für 199,99 €. Die ist gut und günstig.

●   ....

●   Die Kamera hat zwei Jahre Garantie.

●   ....

15 **Reklamation. Lesen Sie den Brief und beantworten Sie die Fragen.**

Krüger KG   19.06.2016
Parkstraße 11
89073 Ulm

Frage zur Reparatur der Digitalkamera *DMC*

Sehr geehrte Damen und Herren,

ich habe die Digitalkamera *DMC* von Ihrer Firma am 02.02.2015 im
Kaufhaus Kraus gekauft.
Ich war mit der Kamera immer sehr zufrieden und habe sie vorsichtig
behandelt. Seit einigen Tagen funktioniert sie nicht mehr richtig, sie
speichert keine Fotos mehr. Die Kamera hat noch acht Monate Garantie
und ich schicke sie Ihnen, damit Sie sie reparieren. Die Quittung und
den Garantieschein schicke ich als Kopie mit.
Können Sie mir bitte schreiben, wie lange die Reparatur dauert und ob
die Reparatur kostenlos ist?

Mit freundlichen Grüßen
Karl Schneider

1 Welches Problem gibt es mit der Kamera?
2 Wie lange hat die Kamera noch Garantie?
3 Welche Kopien schickt Herr Schneider an die Firma Krüger?
4 Was möchte Herr Schneider von der Firma wissen?

16a **Schreibtraining. Bringen Sie den Brief in die richtige Reihenfolge.**

- [1] Sehr geehrte Damen und Herren,
- [ ] reparieren oder eine neue Mikrowelle
- [ ] funktioniert sie jetzt nicht mehr. Sie startet, aber
- [ ] schicken? Ich schicke Ihnen auch den
- [ ] vor sechs Monaten habe ich bei Ihnen die
- [ ] das Essen wird nicht mehr heiß. Können Sie die Mikrowelle bitte

- [ ] Mit freundlichen Grüßen
- [ ] Jochen Schott
- [ ] Mikrowelle *Panason X3* gekauft. Leider
- [ ] Garantieschein und die Quittung als Kopie mit.

16b **Schreiben Sie einen Reklamationsbrief in Ihr Heft.**

Rasierapparat *Super* • vor vier Monaten gekauft •
funktioniert nicht mehr • Bitte um Reparatur

Sehr geehrte Damen und Herren,

17a Elektronische Geräte. Lesen Sie die Texte und ordnen Sie die Fotos zu. Zwei Fotos passen nicht.

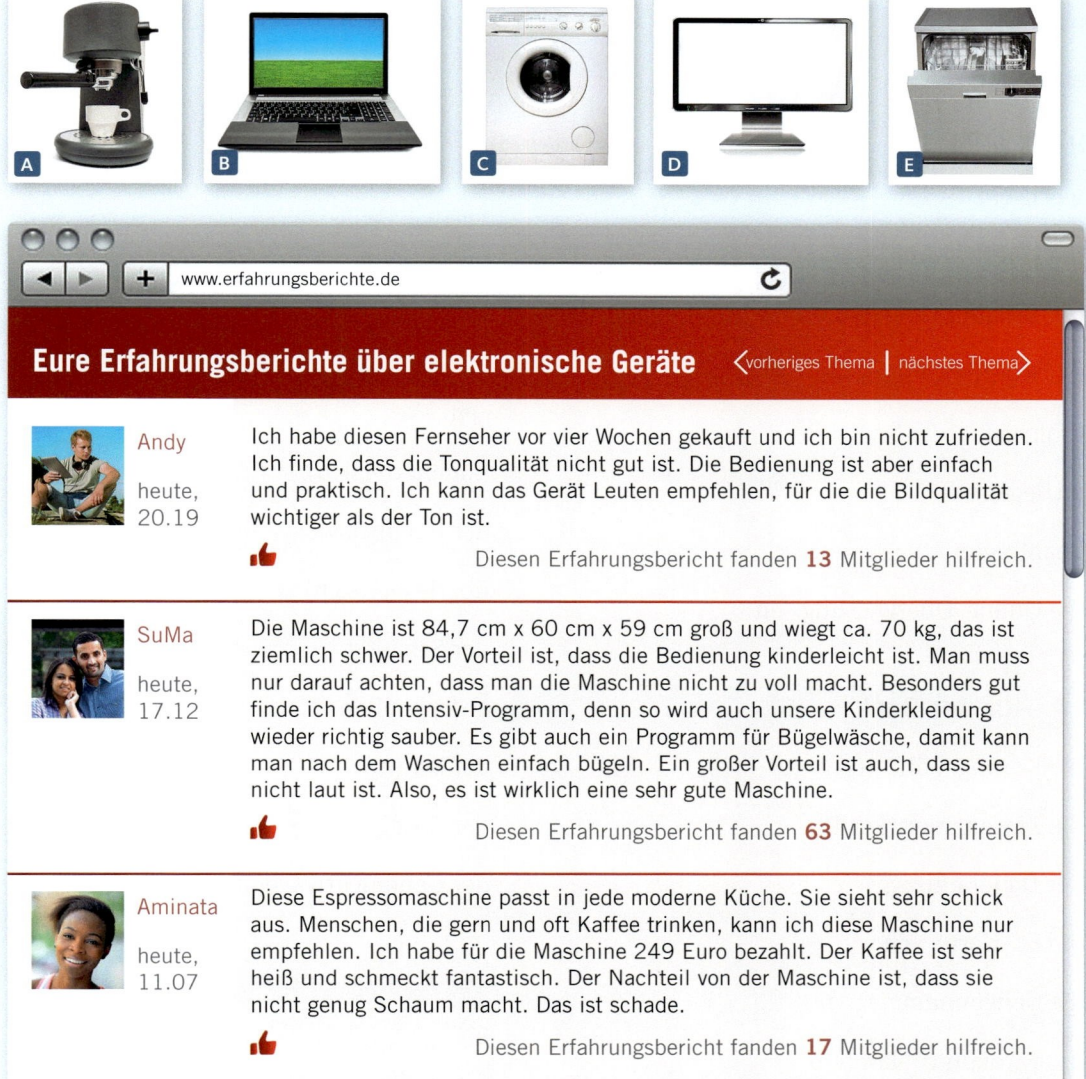

www.erfahrungsberichte.de

Eure Erfahrungsberichte über elektronische Geräte ‹vorheriges Thema | nächstes Thema›

Andy
heute, 20.19

Ich habe diesen Fernseher vor vier Wochen gekauft und ich bin nicht zufrieden. Ich finde, dass die Tonqualität nicht gut ist. Die Bedienung ist aber einfach und praktisch. Ich kann das Gerät Leuten empfehlen, für die die Bildqualität wichtiger als der Ton ist.

Diesen Erfahrungsbericht fanden **13** Mitglieder hilfreich.

SuMa
heute, 17.12

Die Maschine ist 84,7 cm x 60 cm x 59 cm groß und wiegt ca. 70 kg, das ist ziemlich schwer. Der Vorteil ist, dass die Bedienung kinderleicht ist. Man muss nur darauf achten, dass man die Maschine nicht zu voll macht. Besonders gut finde ich das Intensiv-Programm, denn so wird auch unsere Kinderkleidung wieder richtig sauber. Es gibt auch ein Programm für Bügelwäsche, damit kann man nach dem Waschen einfach bügeln. Ein großer Vorteil ist auch, dass sie nicht laut ist. Also, es ist wirklich eine sehr gute Maschine.

Diesen Erfahrungsbericht fanden **63** Mitglieder hilfreich.

Aminata
heute, 11.07

Diese Espressomaschine passt in jede moderne Küche. Sie sieht sehr schick aus. Menschen, die gern und oft Kaffee trinken, kann ich diese Maschine nur empfehlen. Ich habe für die Maschine 249 Euro bezahlt. Der Kaffee ist sehr heiß und schmeckt fantastisch. Der Nachteil von der Maschine ist, dass sie nicht genug Schaum macht. Das ist schade.

Diesen Erfahrungsbericht fanden **17** Mitglieder hilfreich.

17b Was sind die Vorteile und Nachteile von den Geräten? Lesen Sie noch einmal und markieren Sie die Vorteile in Grün und die Nachteile in Rot. Ergänzen Sie dann die Tabelle.

	Vorteile	Nachteile
Fernseher		
Waschmaschine		
Espressomaschine		

die Bank, -en ....

die Versicherung, -en ....

<u>ein</u>}zahlen ....

<u>ab</u>}heben ....

überweisen ....

wechseln ....

die Überweisung, -en ....

der Schalter, - ....

das Konto, Konten ....

eröffnen ....

<u>an</u>}legen ....

beantragen ....

die Online-Überweisung, -en ....

A Auf der Bank

die Kontogebühr, -en ....

die Zinsen, meistens Pl. ....

der Dauerauftrag, "- e ....

die EC-Karte, -en ....

die Geheimnummer, -n ....

das Girokonto, -konten ....

das Online-Banking, Sg. ....

der Bankberater, - ....

das Privatkonto, -konten ....

das Geschäftskonto, -konten ....

die PIN, -s ....

kostenlos ....

bargeldlos ....

die Zahlung, -en ....

B Versicherungen

die Rentenversicherung, -en ....

die Krankenversicherung, -en ....

die Kfz-Versicherung, -en ....

die Rechtsschutz-versicherung, -en ....

die Haftpflichtversicherung, -en ....

die Hausratversicherung, -en ....

kümmern (sich) ....

der Rechtsanwalt, "-e ....

überlegen (sich) ....

der Schaden, "- ....

<u>ab</u>}schließen ....

der Schutz ....

der Tarif, -e ....

der Gebrauchtwagen, - ....

C Kaufen und reklamieren

die Garantie, Sg. ....

der Vorteil, -e ....

der Nachteil, -e ....

die Reklamation, -en ....

reklamieren ....

der Staubsauger, - ....

der Rasierapparat, -e ....

der Garantieschein, -e ....

die Quittung, -en ....

reparieren ....

prüfen ....

1a Ordnen Sie zu und lesen Sie die Komposita laut.

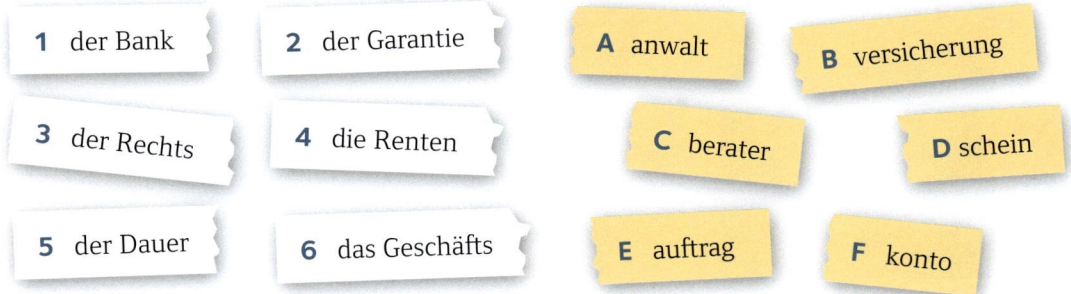

1 der Bank	2 der Garantie
3 der Rechts	4 die Renten
5 der Dauer	6 das Geschäfts

A anwalt
B versicherung
C berater
D schein
E auftrag
F konto

1b Schreiben Sie mit den Komposita aus 1a Sätze wie im Beispiel.

1 Ich habe morgen einen Termin beim Bankberater.

2 Welches Verb passt? Markieren Sie.

1 ein Konto   abschließen – überweisen – machen – eröffnen
2 Geld   wechseln – bauen – verkaufen – eröffnen
3 die Geheimnummer   abheben – eröffnen – bekommen – verkaufen
4 eine Versicherung   überweisen – abheben – abschließen – reklamieren
5 die Quittung   kaufen – verkaufen – zeigen – reklamieren
6 einen Schaden   wechseln – reklamieren – eröffnen – abschließen
7 eine Überweisung   eröffnen – überweisen – abschließen – machen

3 Banken und Versicherungen. Sammeln Sie Wörter.

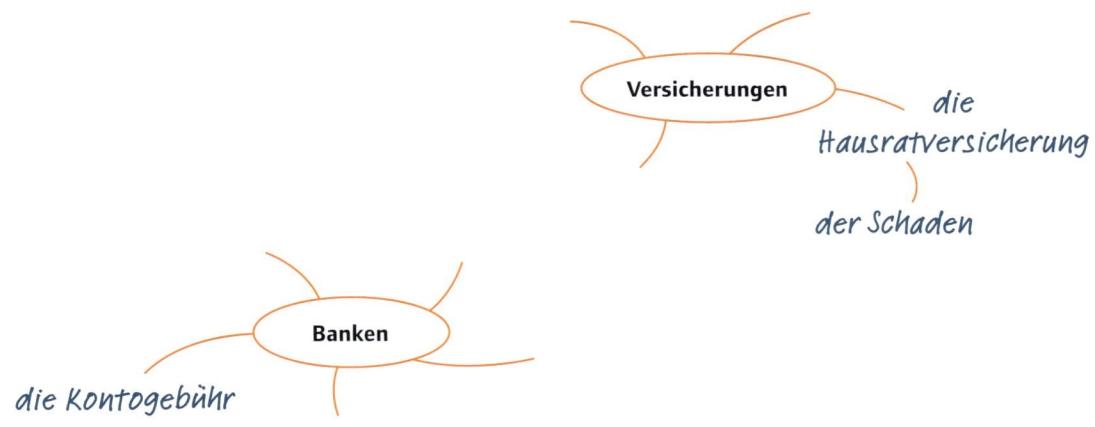

Versicherungen

die Hausratversicherung

der Schaden

Banken

die Kontogebühr

4 Wörter hören und nachsprechen. Hören Sie zu und sprechen Sie nach.

2.40

1 die Haftpflichtversicherung – die Hausratversicherung – die Rechtsschutzversicherung
2 der Neuwagen – der Gebrauchtwagen – der Kleinwagen – der Familienwagen
3 das Online-Banking – der Dauerauftrag – die Kontogebühren – das Girokonto

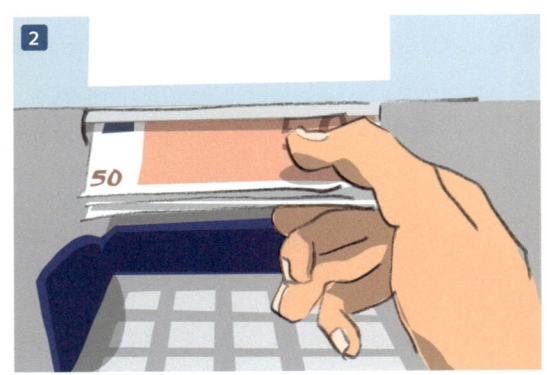

5a **2.41** Wie hebt man Geld am Geldautomaten ab? Hören Sie den Dialog und ordnen Sie zu.

> die Geheimzahl eingeben • den Betrag auswählen • die Karte entnehmen • die Karte in den Geldautomaten stecken • die Geheimzahl bestätigen • das Geld entnehmen

5b **2.42** Hören Sie und sprechen Sie nach.

5c Erklären Sie, wie man Geld vom Geldautomaten abhebt.

> Zuerst muss man ...

1

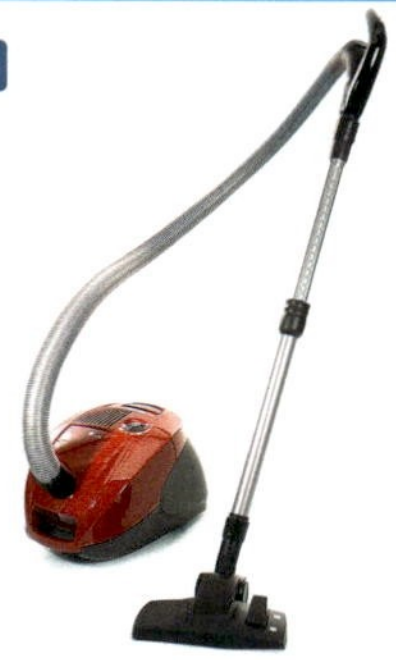

2
das Bügeleisen 

3 
der Wäschetrockner

4 
die Nähmaschine

5

6

7

8
der Föhn 

9

10
das Rührgerät 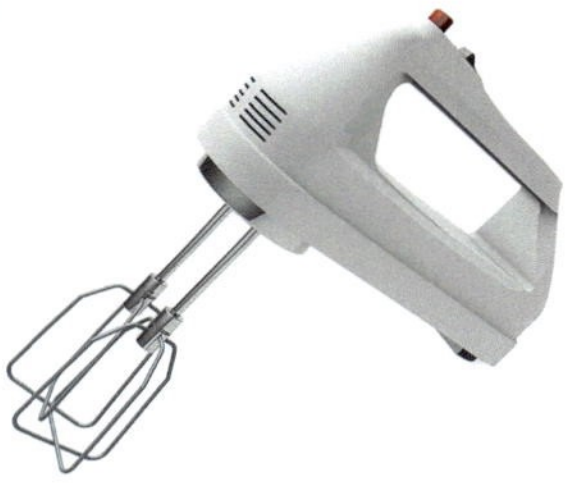

11

12
der Wasserkocher 

6 Haushaltsgeräte. Ergänzen Sie die Wörter mit Artikel.

🔊 **7** Hören Sie die Wörter und sprechen Sie nach.
2.43

8 Wofür braucht man diese Geräte? Was macht man mit ihnen? Fragen und antworten Sie wie im Beispiel.

> Essen heiß machen • die Wäsche bügeln • die Wohnung / das Haus saugen • Kleidung nähen • Lebensmittel frisch halten • das Geschirr spülen • Essen kochen • Wäsche trocknen • Haare trocknen • verschiedene Lebensmittel mischen • Wasser heiß machen • sich rasieren

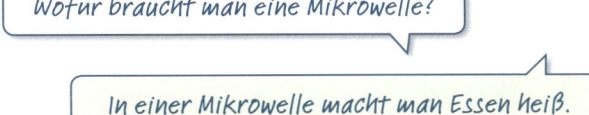

Wofür braucht man eine Mikrowelle?

In einer Mikrowelle macht man Essen heiß.

Was macht man mit einem Staubsauger?

Freunde und Bekannte

1 Kreuzworträtsel. Ergänzen Sie die Wörter. Wie heißt das Lösungswort?

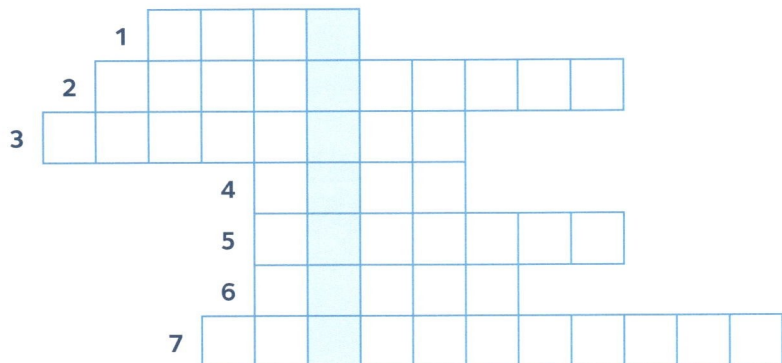

1 Ich mag meine Kollegen. Ich finde sie …
2 In der Pause … ich mich viel mit meinen Kolleginnen und Kollegen.
3 Ich kann meinem Freund alles erzählen. Ich … ihm.
4 Wenn man mit einer Person befreundet ist, dann spricht man meistens informell mit dieser Person. Man sagt *du*: Man … diese Person.
5 Wenn es mir schlecht geht, … meine Freundin mich.
6 Wenn man eine Person noch nicht kennt, dann spricht man formell mit dieser Person. Man sagt *Sie*: Man … diese Person.
7 Er hilft mir und ich helfe ihm. Wir helfen uns …

Lösungswort: Wenn ich _____ bin, helfen mir meine Freunde.

A   Was ist Freundschaft?

■))) **2a** Zwei Freundschaften. Welche Fotos passen? Hören Sie und kreuzen Sie an.
2.44

■))) **2b** Hören Sie die Interviews noch einmal kreuzen Sie an: Richtig oder falsch?
2.44

		R	F
1	Die Freundinnen Semra und Pia interessieren sich für Fußball.	☐	☐
2	Sie sehen mit ihrem Partner Fußballspiele im Fernsehen an.	☐	☐
3	Sie ärgern sich lange, wenn ihre Mannschaft verliert.	☐	☐
4	Die beiden Freunde Tim und Björn haben sich im Urlaub kennengelernt.	☐	☐
5	Björn ist nicht sicher, ob er sich auf Tim verlassen kann.	☐	☐
6	Björn hat mit Tim viel über seine Freundin gesprochen.	☐	☐

3a Was passt zusammen? Ordnen Sie zu.

1 etwas gemeinsam
2 gemeinsam durch dick und dünn
3 sich auf einen Freund
4 sich über einen Freund
5 gute/schlechte Erinnerungen
6 einen Freund bei großen und kleinen Sorgen
7 einen Freund

A gehen
B trösten
C unterstützen
D erleben
E haben
F ärgern
G verlassen

3b Schreiben Sie drei Sätze über gute Freunde mit den Wörtern aus 3a.

....

....

....

....

4a Wiederholung: Verben mit Präpositionen. Was ist richtig? Markieren Sie.

1 sich engagieren (für) an über
2 telefonieren auf von mit
3 sich verlassen auf über für
4 sich ärgern auf über an

5 sich freuen über von bei
6 sich freuen bei auf von
7 träumen an von für
8 denken bei auf an

4b Schreiben Sie Sätze mit den Verben aus 4a in Ihr Heft.

1. Mein Freund engagiert sich für einen Verein.

5 Wiederholung: Fragewörter für Sachen und für Personen. Ordnen Sie zu.

1 Worauf wartest du?
2 Worüber ärgerst du dich?
3 Wovon träumst du?
4 Auf wen wartest du?
5 Von wem träumt Niko?
6 Über wen sprecht ihr?
7 Über wen ärgerst du dich?
8 Worüber habt ihr gestern gesprochen?

A Auf Johanna. Sie kommt gleich.
B Über die letzte Urlaubsreise. Wir haben uns Fotos angesehen.
C Über Martin. Er ist schon zwei Wochen krank.
D Auf den Anruf von meinen Eltern.
E Über meinen Job. Ich habe zu viel Stress.
F Über Bessa. Wir haben uns gestritten.
G Vom Urlaub. Ich habe gerade so viel Stress.
H Bestimmt von seiner Freundin. Sie sind erst zwei Wochen zusammen.

6 Wiederholung: Fragewörter. Über Freunde sprechen. Schreiben Sie Fragen zu den Antworten in Ihr Heft.

1 Auf meinen Freund Fadi. Auf ihn kann ich mich immer verlassen.

2 Fadi und ich träumen von einer Weltreise. Wir wollen nach dem Abitur zuerst ein Jahr reisen.

3 Mit meiner Freundin Katja. Mit ihr kann ich über alles sprechen: über meine Probleme, über Bücher, ...

4 Mein Freund Luis interessiert sich für Sport, genauso wie ich.

5 Streiten? Naja, eigentlich nur über Musik. Luis hört gern Hard Rock. Das finde ich furchtbar.

6 Wir lachen oft über die gleichen Dinge.

1. Auf wen kannst du dich verlassen?

7 Lesen Sie die Sätze. Was bedeuten die Wörter? Ergänzen Sie.

1 Der Urlaub mit meinen Freunden war wunderschön. Ich träume immer noch davon.

davon = *vom schönen Urlaub*

2 Wir haben uns Fahrräder geliehen und sind damit drei Wochen durch die Alpen gefahren.

damit = ...

3 Ich habe eine schlechte Erinnerung an den Urlaub. Aber darüber möchte ich nicht sprechen.

darüber = ...

4 Gestern haben wir uns wieder getroffen und haben eine Fahrradtour in Spanien geplant. Wir freuen uns schon sehr darauf.

darauf = ...

5 Der Urlaub an der Ostsee war sehr entspannend. Ich denke gern daran.

daran = ...

6 Mein Freund hat für den nächsten Urlaub ein Hotel gebucht. Das ist Hotel ist aber sehr teuer und nicht schön. Wir haben lange darüber diskutiert.

darüber = ...

7 Ich warte schon auf das Wochenende. Darauf freue ich mich schon.

darauf = ...

8 Lesen Sie die Texte und ergänzen Sie: *daran, darauf* oder *darüber*.

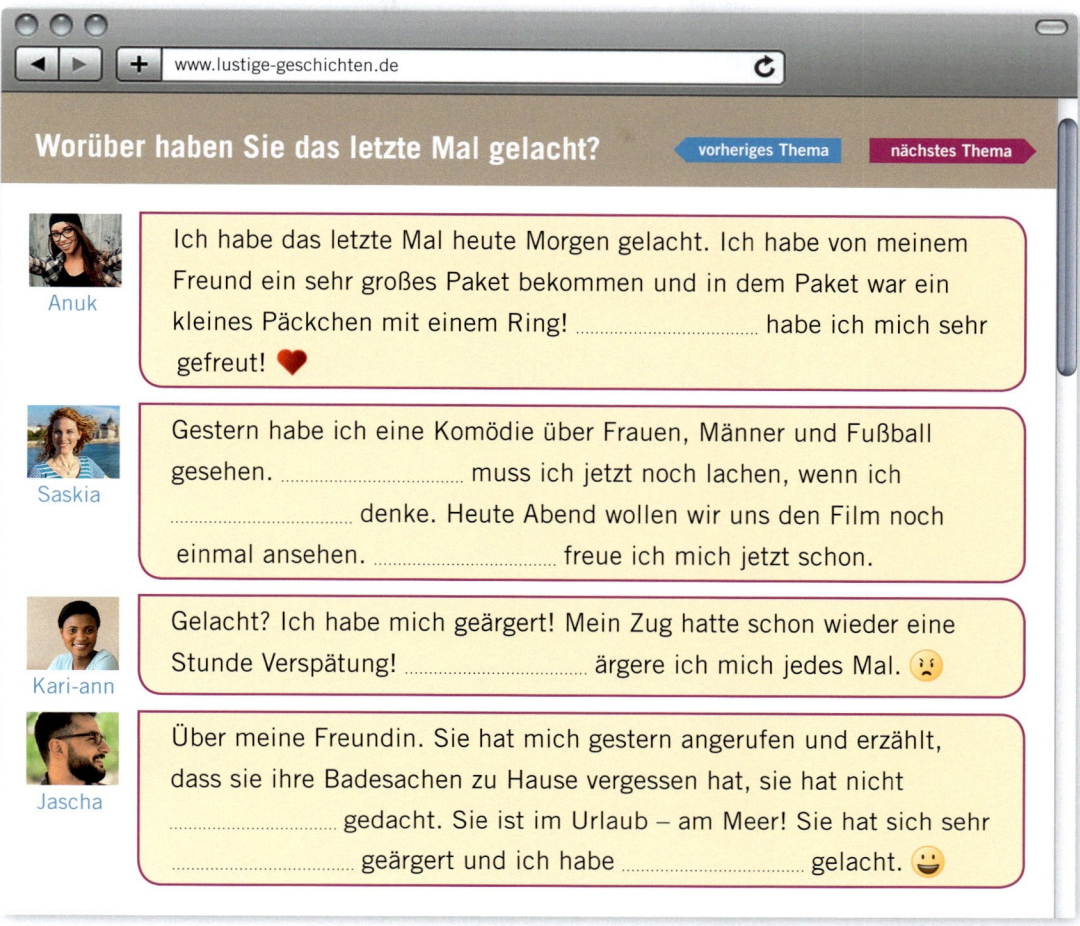

www.lustige-geschichten.de

Worüber haben Sie das letzte Mal gelacht? `vorheriges Thema` `nächstes Thema`

Anuk: Ich habe das letzte Mal heute Morgen gelacht. Ich habe von meinem Freund ein sehr großes Paket bekommen und in dem Paket war ein kleines Päckchen mit einem Ring! .... habe ich mich sehr gefreut! ❤

Saskia: Gestern habe ich eine Komödie über Frauen, Männer und Fußball gesehen. .... muss ich jetzt noch lachen, wenn ich .... denke. Heute Abend wollen wir uns den Film noch einmal ansehen. .... freue ich mich jetzt schon.

Kari-ann: Gelacht? Ich habe mich geärgert! Mein Zug hatte schon wieder eine Stunde Verspätung! .... ärgere ich mich jedes Mal. 😠

Jascha: Über meine Freundin. Sie hat mich gestern angerufen und erzählt, dass sie ihre Badesachen zu Hause vergessen hat, sie hat nicht .... gedacht. Sie ist im Urlaub – am Meer! Sie hat sich sehr .... geärgert und ich habe .... gelacht. 😀

9 Schreiben Sie die Sätze wie im Beispiel.

1 In zwei Wochen fahre ich in den Urlaub. (oft denken an)

In zwei Wochen fahre ich in den Urlaub. Daran denke ich oft.

2 Ich möchte sehr gut Klavier spielen können. (schon lange träumen von)

3 Ich habe mich heute wieder mit meinem Chef gestritten. (sich oft ärgern über)

4 Rosana ist eine sehr nette Kollegin. (in der Pause unterhalten mit)

5 Meine Freundin heiratet in vier Wochen. (viel sprechen über)

6 Alexander ist immer unpünktlich. (immer warten auf)

B Eine Freundschaftsgeschichte

10a **Eine Geschichte erzählen. Ordnen Sie die Textteile.**

A ☐ Markus ist auch ausgestiegen und hat sich ein Plakat von einem Konzert angeschaut.

B ☐ Er war sehr müde und hat nicht gut aufgepasst. Plötzlich ist der Zug abgefahren und Markus war ohne Tasche und ohne Portemonnaie auf dem Bahnsteig.

C ☑ Markus ist Ingenieur und ist beruflich viel unterwegs. Letzten Freitag musste er lange arbeiten und konnte erst spät am Abend wieder von Oldenburg nach Hause fahren.

D ☐ Es war schon halb eins und der Bahnhof war leer. Markus hat im ganzen Bahnhof gesucht, aber er hat keinen Menschen gefunden.

E ☐ In Münster hatte sein Zug einen langen Aufenthalt, weil ein Signal ein technisches Problem hatte. Alle Fahrgäste konnten aussteigen.

F ☐ Die Bahnhofsrestaurants und Geschäfte waren geschlossen und es war sehr kalt. Was konnte er tun? Er war total kaputt.

10b **Wie geht die Geschichte weiter? Ordnen Sie die Bilder.**

10c **Schreiben Sie das Ende der Geschichte. Die Wörter helfen.**

> glücklicherweise • Smartphone in der Tasche haben • ein Freund •
> in der Nähe von Münster • Nummer herausfinden • anrufen •
> die Frau von seinem Freund • am Telefon sein • unfreundlich sein •
> mit dem Auto abholen • sich auf seinen Freund verlassen können

Markus hatte glücklicherweise ...

◼)) **11a** Gute Freunde. Welche Fotos passen? Hören Sie und kreuzen Sie an.
2.45

◼)) **11b** Hören Sie die Interviews noch einmal. Was ist richtig? Kreuzen Sie an.
2.45

1 Frau Schmidt kennt ihre Freundinnen
   A ☐ seit mehr als 10 Jahren.
   B ☐ seit mehr als 60 Jahren.
   C ☐ seit mehr als 70 Jahren.

2 Sie treffen sich jeden Mittwoch
   A ☐ in einer Schule.
   B ☐ in einem Café.
   C ☐ bei ihr zu Hause.

3 Sie sprechen über
   A ☐ die Familie.
   B ☐ das Essen.
   C ☐ über Konzerte und Ausstellungen.

4 Lukas hatte letztes Jahr
   A ☐ gute Noten in Englisch und Deutsch.
   B ☐ keinen Freund in der Schule.
   C ☐ Probleme in der Schule.

5 Ferhad
   A ☐ findet Schule nicht so wichtig.
   B ☐ wollte Lukas nicht helfen.
   C ☐ hat ihm die Meinung gesagt.

6 Ferhad und Lukas
   A ☐ sehen sich fast jeden Tag.
   B ☐ spielen zusammen Basketball.
   C ☐ treffen sich nur in der Woche.

C Gedanken zur Freundschaft

12 Freunde mit 17 und mit 70. Zwei Elfchen. Ergänzen Sie die Gedichte.

> immer zusammen • zusammen schaffen wir alles • Energie und Spaß • 50 Jahre •
> so viele gemeinsame Erinnerungen • Familie, Kinder, Enkel

Freunde **17**
....
....
....
Perfekt!

Freunde **70**
....
.... , ... , ...
....
Wunderbar!

13

Elfchen „auf dem Kopf". Schreiben Sie ein Gedicht über Ihren Sprachkurs.

Sprachkurs

....

....

....

....

14 **Schreibtraining. In der E-Mail sind 8 Fehler: Das Verb steht nicht an der richtigen Position. Korrigieren Sie und schreiben Sie die E-Mail richtig in Ihr Heft.**

Fehler +++ Fehler +++ Fehler

Lieber Reza,

gerade habe ich deine Nachricht bekommen. Bist du wirklich für zwei Wochen in Frankfurt? Das ich finde toll. Ich würde dich wiedersehen sehr gerne. Wie geht es dir und deiner Familie? Du immer noch hast deine Stelle in Hannover?

Bei mir ist alles in Ordnung. Meine Frau jetzt macht einen Deutschkurs und die Kinder sind in der Schule. Sie haben schon gelernt sehr viel Deutsch. Erinnerst du dich noch an unseren gemeinsamen Deutschkurs? Ich gerne daran denke. Es war anstrengend, aber es hat auch gemacht Spaß. Wann kannst kommen du zu uns, damit wir uns mal wieder gemütlich unterhalten können? Sag Bescheid, meine Handynummer ist die 0153 55 123 98 675.

Ich freue mich schon auf dich!

Liebe Grüße
Javid

Lieber Reza,
gerade habe ich deine Nachricht bekommen.

15a Über welche Themen sprechen Sie mit Ihren Freunden und Bekannten häufig? Sammeln Sie drei Themen.

....

....

....

15b Lesen Sie die Statistik und ergänzen Sie die Sätze.

Worüber reden Sie mit Freunden und Bekannten häufig?

Thema	Anteil der Befragten
Arbeit /Job	46
Persönliche Beziehungen	26
Politische Überzeugungen	20
Ängste und Sorgen	20
Sinn des Lebens	15
Krankheiten	14
Sexleben	8
Sterben und Tod	6
Einkommen und Vermögen	4

Source:
comdirect
© Statista 2015

Weitere Informationen:
Deutschland; 1 060 Respondents; 18-65 Jahre

statista

1 Deutsche sprechen weniger über .... als über Sterben und Tod.

2 Deutsche sprechen über .... ein bisschen weniger als über den Sinn des Lebens.

3 Deutsche sprechen über .... genauso viel wie über politische Überzeugungen.

4 Das Thema .... steht an erster Stelle.

15c Vergleichen Sie Ihre Themen mit den Themen in der Statistik. Schreiben Sie Sätze und vergleichen Sie im Kurs.

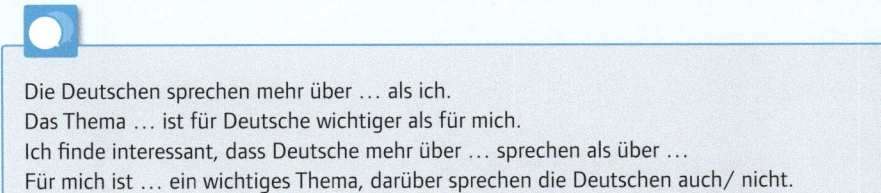

Die Deutschen sprechen mehr über … als ich.
Das Thema … ist für Deutsche wichtiger als für mich.
Ich finde interessant, dass Deutsche mehr über … sprechen als über …
Für mich ist … ein wichtiges Thema, darüber sprechen die Deutschen auch/ nicht.

Wichtige Wörter

die Freundschaft, -en ....

duzen ....

siezen ....

trösten ....

sich gegenseitig helfen ....

gegenseitig ....

vertrauen ....

befreundet sein ....

sich verstehen ....

A Was ist Freundschaft?

sich verlassen auf ....

glücklich ....

gemeinsam ....

das Erlebnis, -se ....

die Erinnerung, -en ....

gute/schlechte Erinnerungen haben ....

kaputt gehen ....

der Erfolg, -e ....

die Webseite, -n ....

sich verabreden ....

unternehmen ....

das Privatleben, Sg. ....

durch dick und dünn gehen ....

die Politik, Sg. ....

B Eine Freundschaftsgeschichte

die Überraschung, -en ....

dorthin ....

der Aufenthalt, -e ....

der Bahnsteig, -e ....

das Portemonnaie, -s ....

vermissen ....

intelligent ....

traurig ....

zufrieden ....

eifersüchtig ....

das Interesse, –n ....

mindestens ....

merken ....

sich erinnern ....

teilen ....

der Humor, Sg. ....

das Gegenteil, -e ....

C Gedanken zur Freundschaft

der Gedanke, -n ....

zusammenhalten ....

zusammen ....

weinen ....

lachen ....

die Liebe, Sg. ....

die Wärme, Sg. ....

blühen ....

Blumen blühen ....

trennen ....

das Gedicht, -e ....

das Lied, -er ....

....

....

1a Wie heißt das Nomen zu diesen Verben? Suchen Sie in der Wortliste und ergänzen Sie.

Verb	Nomen
kennen	*der/die Bekannte, n*
denken	
sich erinnern	
etwas erleben	
sich interessieren	

1b Schreiben Sie mit den Wörtern aus 1a Sätze wie im Beispiel.

Bekannte von mir wohnen in Frankfurt.

2 Welche Wörter sind das? Ordnen Sie zu.

merken • vertrauen • trennen • vermissen • sich verabreden • weinen

1 Man ist traurig, dass eine Person oder eine Sache nicht da ist: *seine Freunde ~ , seine Heimat ~*

2 einen Termin ausmachen, an dem man sich treffen möchte: *~ für das Kino*

3 Tränen in den Augen haben, weil man traurig ist oder Schmerzen hat: *~, weil man zum Beispiel hingefallen ist*

4 denken, dass jemand zuverlässig ist: *einem Freund voll und ganz ~*

5 das Gegenteil von zusammenbringen: *Das Präfix vom Verb ~*

6 etwas sehen und verstehen: *~ dass ein Freund traurig ist.*

3 Gegenteile in der Wortliste finden. Ergänzen Sie die Gegenteile.

1 fröhlich ≠ ....

2 weinen ≠ ....

3 allein ≠ ....

4 die Kälte ≠ ....

5 gute Erinnerungen ≠ ....

6 das Gleiche ≠ ....

2.46
4 Wörter hören und nachsprechen. Hören Sie zu und sprechen Sie nach.

1 traurig – eifersüchtig – glücklich – zufrieden

2 sich erinnern – sich verabreden – etwas erleben – sich interessieren

3 der Gedanke – der Erfolg – das Interesse – der Humor

denken an

teilnehmen an

5   Sehen Sie die Fotos an und ordnen Sie die Verben mit Präpositionen zu.

> sich freuen über • warten auf • sich vorbereiten auf • sich beschweren über •
> sich kümmern um • träumen von • sich erinnern an • sich ärgern über •
> sich verlieben in • lachen über • sich informieren über

🔊 **6**   Hören Sie die Verben mit Präpositionen und sprechen Sie nach.
2.47

sprechen über

... streiten über

... ren zu

... h streiten über

7a Zu welchem Foto 1-9 passen die Sätze? Ordnen Sie zu und ergänzen Sie die Präposition.

1 ☐ Er kümmert sich .... eine Patientin.

2 ☐ Sie denkt .... den letzten Urlaub.

3 ☐ Sie nehmen .... einem Sportkurs teil.

4 ☐ Sie fragt .... der Uhrzeit.

5 ☐ Er bereitet sich .... die nächsten Prüfungen vor.

7b Schreiben Sie Sätze wie in 7a zu den Fotos 10-18.

8 Schreiben Sie Fragen zu den Fotos. Fragen und antworten Sie zu zweit.

1 Lesen Sie und ergänzen Sie in A–G.

Ich kann auf Deutsch

✔ ✘

☐ ☐ **A** über Vereine und ehrenamtliches Engagement sprechen.

> helfen • ehrenamtlich • Mitglied • Mitgliedsbeitrag

Pia ist .... im Nachbarschaftsverein.

Sie engagiert sich dort ....

Sie .... älteren Menschen, die alleine

leben. Es gibt keinen ....

Pia Gröner

☐ ☐ **B** etwas genauer beschreiben.

> Abitur machen können • schnell fahren können • Musik hören können •
> Kinder spielen • warme Kleidung brauchen

1 Ein Radio ist ein Gerät, mit dem man ....

2 Ein Spielplatz ist ein Platz, auf dem ....

3 Der Winter ist eine Jahreszeit, in der man ....

4 Das Gymnasium ist eine Schule, auf der man ....

5 Ein Sportwagen ist ein Wagen, mit dem man ....

☐ ☐ **C** mit Ämtern und Behörden telefonieren.

> verbunden • Durchwahl • sprechen • verwählt • spricht • verbinden

1 Können Sie mir bitte die .... von Herrn Walter geben?

2 • Guten Tag, hier .... Lydia Ortega.

● Ich möchte gerne mit Frau Schulz von der Firma Müller ....

Können Sie mich bitte ....?

3 • Nein, hier ist nicht die Firma Müller. Sie sind falsch ....

● Tut mir leid, dann habe ich mich .... Entschuldigen Sie die Störung.

D **mit Bankmitarbeitern sprechen.** ☐ ☐

> Gebühren • kostenlos • kostet • eröffnen • Kreditkarte • Kreditkarte

- Ich möchte gerne ein Konto .... Wie viel .... das im Monat?

- Wir haben ein Girokonto, bei dem Sie 4 Euro im Monat plus .... zum Beispiel

  für eine .... bezahlen. Mit der EC-Karte können Sie auch ....
  bezahlen.

- Wann bekomme ich die EC-Karte und die ....?
- Die kommen per Post in ungefähr zwei Wochen.

E **sagen, welche Versicherungen man wichtig oder nicht wichtig findet.** ☐ ☐

Ich finde eine Haftpflichtversicherung ...., weil ....

....

Die Krankenversicherung ist ...., weil ....

....

F **etwas reklamieren.** ☐ ☐

> Garantieschein • gekauft • Quittung • funktioniert

- Guten Tag, ich habe gestern dieses Radio ...., aber es ....

  nicht. Hier habe ich die .... und den ....

- Ich schicke das Radio zur Reparatur ans Werk. Das dauert ungefähr zwei Wochen.
- Vielen Dank.

G **über Freundschaften sprechen.** ☐ ☐

1 Wie oft treffen Sie Ihre Freunde?

   ....

2 Worüber sprechen Sie mit guten Freunden oder Freundinnen?

   ....

3 Was machen Sie gerne zusammen mit guten Freunden oder Freundinnen?

   ....

2 **Kontrollieren Sie mit den Lösungen und markieren Sie ✔ für *kann ich* und ✘ für *kann ich nicht so gut.***

Sprechen

Teil 1 **Schreiben Sie zu jedem Stichwort eine passende Frage und beantworten Sie die Fragen.**

	Fragen		Antworten
Name?	*Wie*	?	
Geburtsort?	*Wo*	?	
Wohnort?	*Wo*	?	
Arbeit/Beruf?	*Was*	?	
Familie?	*Sind Sie*	?	
	Haben Sie	?	
	Wie viele	?	

Teil 2 **Wählen Sie ein Foto aus und beschreiben Sie das Foto. Lesen Sie den Text dann laut.**

> Auf dem Foto sehe ich … •
> Ich glaube, die Familie … •
> Vielleicht … •
> Das Foto zeigt, wie …

Auf dem Foto sehe ich eine Familie.
Es ist vielleicht Wochenende …

Wie ist es in Ihrem Heimatland? Wählen Sie die Redemittel aus dem Schüttelkasten und schreiben Sie drei Sätze.

> Bei uns in … ist es anders als in Deutschland: … • Bei uns in … ist es ähnlich wie in Deutschland: … • Bei uns ist es genau so wie in Deutschland. • Für mein Heimatland ist typisch, dass … • Ich finde, dass in Deutschland / in meinem Heimatland …

....

....

....

....

Teil 3   **Sie wollen mit Ihren Nachbarn ein Hoffest machen und sollen es zusammen mit Ihrem Partner / Ihrer Partnerin organisieren. Ordnen Sie zuerst die Redemittel zu und schreiben Sie Sätze. Schreiben Sie dann einen Dialog.**

Hier sind einige Notizen:

- Wann soll das Fest stattfinden?
- Wer schreibt die Einladungen?

- Wer kauft Essen und Getränke?
- Wer bringt Musik mit?

> Ich denke, dass … • Das finde ich nicht so gut. Ich finde es besser, wenn … • Ich schlage vor, dass … • Das ist eine gute Idee, wie können … • Ich denke, dass das nicht so gut ist. Es ist besser, wenn … • Ja, so machen wir es und … • Einverstanden.

etwas vorschlagen

Ich denke, dass das Fest am Sonntagnachmittag stattfinden sollte.

....

....

zustimmen

....

....

....

ablehnen

....

....

....

Grammatik im Überblick

1 Verben im Präsens
Regelmäßige Verben
Verben mit Vokalwechsel: *e → i, e → ie, a → ä*
Unregelmäßige Verben
Trennbare Verben
Modalverben
Das Verb *lassen*
Reflexive Verben
Die Verben *legen/liegen* und *stellen/stehen*
Der Imperativ
Höfliche Bitten
Ratschläge mit *sollte*
Wunschsätze mit *würde gern(e)* + Infinitiv

2 Verben in der Vergangenheit
Das Präteritum von *sein* und *haben*
Modalverben im Präteritum
Das Perfekt

3 Artikel und Nomen
Artikel im Nominativ, Akkusativ und Dativ
Possessivartikel
Das Fragewort *welch–*
Der Demonstrativartikel *dies–*
Das Fragewort *was für ein–*
Der Plural von Nomen

4 Pronomen
Personalpronomen
Artikel und Pronomen
Das unpersönliche Pronomen *man*
Artikel als Pronomen
Das Pronomen *es*
Reflexivpronomen
Relativpronomen

5 Adjektive
Adjektive nach dem Nomen (prädikativ)
Adjektive vor dem Nomen (attributiv)
Adjektive im Komparativ

6 Präpositionen
Temporale Präpositionen (Zeit): *am, um, im, vor, nach, seit, bis, von … bis*
Lokale Präpositionen (Ort): *in, bei, nach, zu, aus, von*
Präpositionen mit Dativ: *aus, bei, mit, nach, seit, von, zu, vor* (temporal)
Präpositionen mit Akkusativ: *für, um, durch, ohne*
Wechselpräpositionen mit Akkusativ und Dativ: *in, an, auf, hinter, vor, über, unter, neben, zwischen*
Verben mit Präpositionen
Fragewörter und Pronomen bei Verben mit Präpositionen: *worauf, wofür … darauf, dafür …*

7 Wortbildung
Komposita
Das Datum – Ordinalzahlen

8 Wörter im Satz
Sätze und W-Fragen
Ja/Nein-Fragen (Satzfragen)
Satzklammer: Trennbare Verben, Modalverben und Perfekt
Ja – Nein – Doch
Vergleichssätze
Verneinung mit *nicht* oder *kein*
Verben und Ergänzungen (Verben mit Nominativ, Dativ und Akkusativ, Verben mit Präpositionen)
Satzverbindungen mit *aber – denn – und – oder*
Nebensätze mit *weil*
Nebensätze mit *dass*
Nebensätze mit *wenn*
Nebensätze mit *damit*
Indirekte Fragen
Nebensatz vor Hauptsatz
Relativsätze

1 Verben im Präsens

Regelmäßige Verben

Infinitiv		kommen
Singular	ich	komm-**e**
	du	komm-**st**
	er/es/sie/man	komm-**t**
Plural	wir	komm-**en**
	ihr	komm-**t**
	sie	komm-**en**
Höflichkeitsform	Sie	komm-**en**

Woher kommen Sie?

Ich komme aus Deutschland.

⚠ heißen: du heißt, er/sie heißt
genauso: genießen, schließen, …
⚠ sitzen: du sitzt
genauso: nutzen, putzen, …

⚠ arbeiten: du arbeit**est**, er/sie arbeit**et**,
ihr arbeit**et** …
genauso: antworten, kosten, einschalten, ausschalten, berichten, bieten, bitten, chatten, reden, …

Verben mit Vokalwechsel: *e → i, e → ie, a → ä*

		e → i	e → ie	a → ä
Infinitiv		**sprechen**	**lesen**	**schlafen**
Singular	ich	spreche	lese	schlafe
	du	spr**i**chst	l**ie**st	schl**ä**fst
	er/es/sie/man	spr**i**cht	l**ie**st	schl**ä**ft
Plural	wir	sprechen	lesen	schlafen
	ihr	sprecht	lest	schlaft
	sie	sprechen	lesen	schlafen
Höflichkeitsform	Sie	sprechen	lesen	schlafen

genauso: treffen: er/sie tr**i**fft   helfen: er/sie h**i**lft   anfangen: er/sie f**ä**ngt an
essen: er/sie **i**sst   sehen: er/sie s**ie**ht   fahren: er/sie f**ä**hrt
nehmen: er/sie n**i**mmt   tragen: er/sie tr**ä**gt   einladen: er/sie l**ä**dt ein

Unregelmäßige Verben

Infinitiv		sein	haben	mögen	(möchten)	wissen
Singular	ich	**bin**	habe	**mag**	möchte	**weiß**
	du	**bist**	**hast**	**magst**	möchtest	**weißt**
	er/es/sie/man	**ist**	**hat**	**mag**	**möchte**	**weiß**
Plural	wir	**sind**	haben	mögen	möchten	wissen
	ihr	**seid**	habt	mögt	möchtet	wisst
	sie	**sind**	haben	mögen	möchten	wissen
Höflichkeitsform	Sie	**sind**	haben	mögen	möchten	wissen

Trennbare Verben

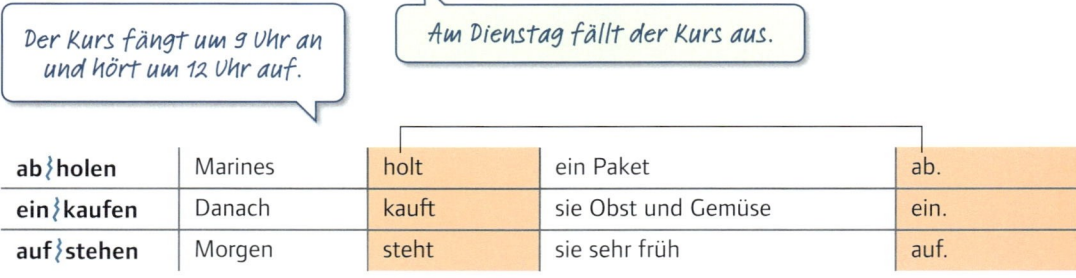

ab}holen	Marines	holt	ein Paket	ab.
ein}kaufen	Danach	kauft	sie Obst und Gemüse	ein.
auf}stehen	Morgen	steht	sie sehr früh	auf.

genauso: anfangen, anrufen, aufräumen, aufhören, ausgehen, ausfallen, fernsehen, mitkommen, mitbringen, stattfinden, abschicken, auswählen, …

In der Wortliste am Ende jeder Lektion im Arbeitsbuch sind die trennbaren Verben immer so } gekennzeichnet, zum Beispiel: an}fangen.

Modalverben

Infinitiv			können	wollen	müssen	sollen	dürfen
Singular		ich	kann	will	muss	soll	darf
		du	kannst	willst	musst	sollst	darfst
		er/es/sie/man	kann	will	muss	soll	darf
Plural		wir	können	wollen	müssen	sollen	dürfen
		ihr	könnt	wollt	müsst	sollt	dürft
		sie	können	wollen	müssen	sollen	dürfen
Höflichkeitsform		Sie	können	wollen	müssen	sollen	dürfen

Ich	kann	gut auf Deutsch	lesen.
Meine Freundin	will	noch einen Apfelsaft	trinken.
Wir	müssen	jeden Tag früh	aufstehen.
Ich	soll	die Tabletten zweimal pro Tag	nehmen.
Hier	darf	man nicht	parken.

Das Verb *lassen*

	lassen
ich	lasse
du	lässt
er/es/sie/man	lässt
wir	lassen
ihr	lasst
sie	lassen
Sie	lassen

Ich	lasse	meine Wohnung	streichen.
Sie	lässt	ihre Lampe	aufhängen.

Ich lasse meine Wohnung renovieren.
(=Ich renoviere meine Wohnung nicht selbst).

Reflexive Verben

	sich freuen
ich	freue mich
du	freust dich
er/es/sie/man	freut sich
wir	freuen uns
ihr	freut euch
sie	freuen sich
Sie	freuen sich

Wir **freuen uns**, weil wir eine gute Wohnung gefunden haben.

genauso: sich vorstellen, sich verkleiden, sich ärgern, sich entschuldigen, sich fühlen, sich kennenlernen, sich streiten, sich trennen, sich unterhalten, sich verlieben, sich vorstellen, …

Die Verben *legen/liegen* und *stellen/stehen*

Wohin? – *legen/stellen*
(Präposition + Akkusativ)
Sie **legen** den Teppich **auf den** Boden.
Sie **stellen** den Tisch **auf den** Teppich.

Wo? – *liegen/stehen*
(Präposition + Dativ)
Der Teppich **liegt auf dem** Boden.
Der Tisch **steht auf dem** Teppich.

Der Imperativ

	Sie-Form	**du-Form**	**ihr-Form**
machen	Machen Sie …	(du mach**st**) Mach …	Macht …
sprechen	Sprechen Sie …	(du sprich**st**) Sprich …	Sprecht …
mitkommen	Kommen Sie (doch) mit!	(du komm**st**) Komm (doch) mit!	Kommt (doch) mit!
⚠ fahren	Fahren Sie!	(du fährst) Fahr …	Fahrt …
⚠ sein	Seien Sie ruhig!	(du bist) Sei ruhig!	Seid ruhig!

Höfliche Bitten

Könntest du mir helfen? **Könnten** Sie Frau Abiska einen Schlüssel geben?
Entschuldigung, **darf** ich fragen, wie der neue Kollege heißt?

Ratschläge mit *sollte*

ich	sollte
du	solltest
er/es/sie/man	sollte
wir	sollten
ihr	solltet
sie	sollten
Sie	sollten

Sie	sollten	regelmäßig Sport	machen.
In einer Hausapotheke	sollte	ein Fieberthermometer	sein.
Man	sollte	sich gesund	ernähren.

Wunschsätze mit *würde gern(e)* + Infinitiv

ich	würde
du	würdest
er/es/sie/man	würde
wir	würden
ihr	würdet
sie	würden
Sie	würden

Was	würdest	du gerne	machen?
Ich	würde	gerne in einem Hotel	arbeiten.
Er	würde	gerne eine Ausbildung	machen.

2 Verben in der Vergangenheit

Das Präteritum von *sein* und *haben*

Infinitiv		sein	haben
Singular	ich	war	hatte
	du	warst	hattest
	er/es/sie/man	war	hatte
Plural	wir	waren	hatten
	ihr	wart	hattet
	sie	waren	hatten
Höflichkeitsform	Sie	waren	hatten

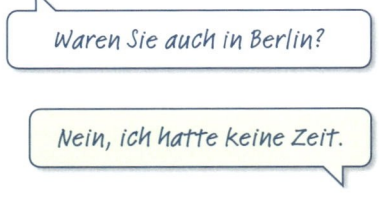

Waren Sie auch in Berlin?

Nein, ich hatte keine Zeit.

Modalverben im Präteritum

	müssen	können	dürfen	wollen
ich	musste	konnte	durfte	wollte
du	musstest	konntest	durftest	wolltest
er/es/sie/man	musste	konnte	durfte	wollte
wir	mussten	konnten	durften	wollten
ihr	musstet	konntet	durftet	wolltet
sie	mussten	konnten	durften	wollten
Sie	mussten	konnten	durften	wollten

Für *möchte* gibt es kein Präteritum, man benutzt das Präteritum von *wollen* (*wollte*):
Heute möchte ich einen Kaffee, gestern wollte ich einen Tee.

Das Perfekt: *haben/sein* + Partizip

Für die meisten Verben benutzt man in der Vergangenheit das Perfekt.

Wann	sind	Sie nach Deutschland	gekommen?
Ich	bin	2002 nach Deutschland	gekommen.
Was	haben	Sie am Wochenende	gemacht?
Wir	haben	am Samstag auf dem Markt	eingekauft.

Das Perfekt: Bildung der Partizipien

Partizipien mit *ge-*

	„normale" Verben	trennbare Verben
regelmäßig (Endung „t")	**ge ...(e)t** spielen – hat **ge**spiel**t** arbeiten – hat **ge**arbeit**et** kaufen – hat **ge**kauf**t**	**...ge...(e)t** mitspielen – hat mit**ge**spiel**t** ausschalten – hat aus**ge**schalt**et** einkaufen – hat ein**ge**kauf**t**
unregelmäßig (Endung „en")	**ge...en** kommen – ist **ge**komm**en** geben – hat **ge**geb**en** sehen – hat **ge**seh**en**	**...ge...en** ankommen – ist an**ge**komm**en** aufgeben – hat auf**ge**geb**en** fernsehen – hat fern**ge**seh**en**

Partizipien ohne *ge-*

	Verben mit den Präfixen *be-, emp-, ent-, er-, ge-, ver-, zer-*	Verben auf *-ieren*
regelmäßig (Endung „t")	**...t** bezahlen – hat bezahl**t** erzählen – hat erzähl**t** entschuldigen – hat entschuldig**t** gehören – hat gehör**t**	**...t** installieren – hat installier**t** reparieren – hat reparier**t** reservieren – hat reservier**t** transportieren – hat transportier**t**
unregelmäßig (Endung „en")	**...en** bekommen – hat bekomm**en** behalten – hat behalt**en** gefallen – hat gefall**en** verstehen - hat verstand**en**	

Die unregelmäßigen Partizipien (gegangen, gefahren ...) finden Sie im Kursbuch (Gesamtband) auf den Seiten 232–235.

Das Perfekt: *sein* oder *haben*?

Die meisten Verben bilden das Perfekt mit *haben*: ich habe gemacht, ich habe gelernt, ich habe gearbeitet ...

Verben der Bewegung von A nach B oder Verben der Veränderung bilden das Perfekt mit *sein*.

Bewegungsverben von A nach B	Zustandsveränderung
A ——→ B gehen: ist gegangen	einschlafen: ist eingeschlafen

Wir sind gestern nach Köln gefahren. Und was hast du gemacht?

weitere Bewegungsverben:
abbiegen, abfahren, kommen, ankommen, fahren, fliegen, joggen, laufen, reisen, rennen, schwimmen, umsteigen, umziehen, ...

⚠ Verben, die keine Bewegungsverben sind, aber das Perfekt mit *sein* bilden:
sein, ist gewesen - bleiben, ist geblieben

3 Artikel und Nomen

Artikel im Nominativ

	m (maskulin)		n (neutrum)		f (feminin)		Pl (Plural)	
bestimmter Artikel	der		das		die		die	
unbestimmter Artikel	ein		ein		eine		–	
Negativartikel	kein	Mann	kein	Auto	keine	Frau	keine	Kinder
Possessivartikel	mein		mein		meine		meine	
Demonstrativartikel	dieser		dieses		diese		diese	

Das sind meine Kinder.

Der Mann heißt Arno.

Artikel im Akkusativ

	m (maskulin)		n (neutrum)		f (feminin)		Pl (Plural)	
bestimmter Artikel	den		das		die		die	
unbestimmter Artikel	einen		ein		eine		–	
Negativartikel	keinen	Mann	kein	Auto	keine	Frau	keine	Kinder
Possessivartikel	meinen		mein		meine		meine	
Demonstrativartikel	diesen		dieses		diese		diese	

❗ Lerntipp
Lernen Sie im Akkusativ nur das -en im maskulin, alles andere ist wie im Nominativ.

Ich kenne den Mann nicht.

Ich habe keinen Computer.

Artikel im Dativ

	m (maskulin)		n (neutrum)		f (feminin)		Pl (Plural)	
bestimmter Artikel	dem		dem		der		den	
unbestimmter Artikel	einem		einem		einer		–	
Negativartikel	keinem	Mann	keinem	Auto	keiner	Frau	keinen	Kindern
Possessivartikel	meinem		meinem		meiner		meinen	
Demonstrativartikel	diesem		diesem		dieser		diesen	

Das Nomen hat im Dativ Plural immer die Endung -n: Wie spielen mit den Kindern.

⚠ Ausnahme: Nomen mit s-Plural: die Autos - mit den Autos.

Possessivartikel

Guten Tag, mein Name ist Thomas Müller und das ist meine Frau.

Sind das Ihre Kinder?

Ja, das sind unsere Töchter Lisa und Nina und das ist unser Sohn Tobias.

	m (maskulin)		n (neutrum)		f (feminin)		Pl (Plural)	
ich	mein		mein		meine		meine	
du	dein		dein		deine		deine	
er/es/man	sein		sein		seine		seine	
sie	ihr	Sohn	ihr	Haus	ihre	Tochter	ihre	Kinder
wir	unser		unser		unsere		unsere	
ihr	euer		euer		eure		eure	
sie (Pl.)	ihr		ihr		ihre		ihre	
Sie	Ihr		Ihr		Ihre		Ihre	

Das Fragewort *welch-*

	m (maskulin)	n (neutrum)	f (feminin)	Pl (Plural)
Nominativ	welcher Zug	welches Auto	welche U-Bahn	welche Fahrräder
Akkusativ	welchen Zug	welches Auto	welche U-Bahn	welche Fahrräder
Dativ	welchem Zug	welchem Auto	welcher U-Bahn	welchen Fahrrädern

Welchen Zug nehmen Sie?

Diesen Zug.

Mit welchem Zug sind Sie gekommen?

Mit diesem hier.

Lerntipp
der Zug   welcher Zug, dieser Zug

Die Endungen von *welch–* und *dies–* sind wie beim bestimmten Artikel.

Der Demonstrativartikel *dies-*

	m (maskulin)	n (neutrum)	f (feminin)	Pl (Plural)
Nominativ	dieser Zug	dieses Auto	diese U-Bahn	diese Fahrräder
Akkusativ	diesen Zug	dieses Auto	diese U-Bahn	diese Fahrräder
Dativ	diesem Zug	diesem Auto	dieser U-Bahn	diesen Fahrrädern

Das Fragewort *was für ein-*

	m (maskulin)	n (neutrum)	f (feminin)	Pl (Plural)
Nominativ	Was für ein Mantel?	Was für ein Kleid?	Was für eine Jacke?	Was für Schuhe?
Akkusativ	Was für einen Mantel?	Was für ein Kleid?	Was für eine Jacke?	Was für Schuhe?
Dativ	Mit was für einem Mantel?	Mit was für einem Kleid?	Mit was für einer Jacke?	Mit was für Schuhen?

Was für einen Anzug hast du auf der Hochzeit getragen?

Einen schwarzen Anzug.

Der Plural von Nomen

	Singular	Plural		Singular	Plural
-e	der Tisch	die Tische	**-**	der Computer	die Computer
-e (+ Umlaut)	der Stuhl	die Stühle	**-(+ Umlaut)**	der Vater	die Väter
-en	die Zahl	die Zahlen	**-s**	das Auto	die Autos
-n	die Tasche	die Taschen	**-er**	das Kind	die Kinder
-nen	die Lehrerin	die Lehrerinnen	**-er (+ Umlaut)**	das Haus	die Häuser

❗ Lerntipp
Lernen Sie die Nomen immer mit Plural.

Wie viele Stühle sind im Kursraum?

Es sind 10 Stühle und 5 Tische.

4 Pronomen

Personalpronomen

Nominativ	Akkusativ	Dativ
ich	mich	mir
du	dich	dir
er	ihn	ihm
es	es	ihm
sie	sie	ihr
wir	uns	uns
ihr	euch	euch
sie	sie	ihnen
Sie	Sie	Ihnen

Können Sie mir bitte helfen?

Ja, gerne, ich rufe Sie morgen an.

Artikel und Pronomen

Der Schrank ist alt. Er ist alt.
Das Bett ist klein. Es ist klein.
Die Küche ist modern. Sie ist modern.
Die Blumen sind schön. Sie sind schön.

Das unpersönliche Pronomen *man*

Mit *man* steht das Verb in der 3. Person Singular.

> *Wie schreibt man das?*

> *Hier kann man Geld wechseln.*

Artikel als Pronomen

Wie finden Sie **den blauen Anzug**?   **Der** ist nicht schlecht. **Den** nehme ich.
Wie finden Sie **das rote Kleid**?   **Das** ist sehr elegant. **Das** nehme ich.
Wie gefällt Ihnen **die Bluse**?   **Die** ist zu kurz. **Die** nehme ich nicht.
Wie gefallen Ihnen **die Schuhe**?   **Die** sind gut. **Die** kaufe ich.

Das Pronomen *es*

In vielen Ausdrücken benutzt man das Pronomen *es*. Das *es* hat in diesen Ausdrücken keine Bedeutung.

Wetterwörter	andere Ausdrücke
Es regnet. / Es schneit. Heute ist es kalt. / Es ist windig. Es ist bewölkt.	Wie geht es Ihnen? Danke, es geht mir gut. Hier gibt es einen Park.

Reflexivpronomen

ich	freue	mich
du	freust	dich
er/es/sie/man	freut	**sich**
wir	freuen	uns
ihr	freut	euch
sie	freuen	**sich**
Sie	freuen	**sich**

> *Guten Tag, ich möchte mich vorstellen. Mein Name ist …*

> *Wir haben uns im Sportkurs kennengelernt und uns sofort verliebt.*

Relativpronomen

	m (maskulin)	n (neutrum)	f (feminin)	Pl (Plural)
Nominativ	der	das	die	die
Akkusativ	den	das	die	die
Dativ	dem	dem	der	**denen**

⚠ Nur der Dativ Plural ist neu. Alle anderen Formen sind wie der definite Artikel.

Kennst du ein Café, **das** in der Nähe ist?
Ein Smartphone ist ein Ding, mit **dem** man telefonieren, Nachrichten schicken und im Internet surfen kann.

5 Adjektive

Adjektive nach dem Nomen (prädikativ)

Adjektive nach dem Nomen haben keine Endung.

Der Schrank ist neu. Ich finde den Schrank schön.
Das Sofa ist alt. Ich finde das Sofa langweilig.

Adjektive vor dem Nomen (attributiv)

Zwischen Artikel und Nomen haben Adjektive eine Endung (mindestens ein -e).

	m (maskulin)	n (neutrum)	f (feminin)	Pl (Plural)
Nominativ	der graue Anzug ein grauer Anzug kein grauer Anzug	das blaue Hemd ein blaues Hemd kein blaues Hemd	die rote Bluse eine rote Bluse keine rote Bluse	die braunen Schuhe - braune Schuhe keine braunen Schuhe
Akkusativ	den grauen Anzug einen grauen Anzug keinen grauen Anzug	das blaue Hemd ein blaues Hemd kein blaues Hemd	die rote Bluse eine rote Bluse keine rote Bluse	die braunen Schuhe - braune Schuhe keine braunen Schuhe

⚠ Gleiche Endung bei *ein* und *kein* im Singular: ein blaues Hemd = kein blaues Hemd.
Im Plural unterschiedliche Endung: - braune Schuhe = keine braunen Schuhe

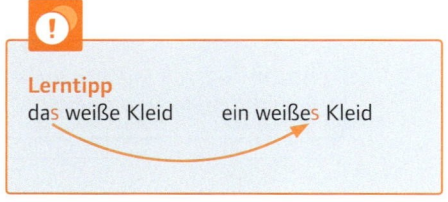

Lerntipp
das weiße Kleid   ein weißes Kleid

> Der graue Anzug ist nicht so elegant.

> Er trägt ein blaues Hemd.

Adjektive im Komparativ

Adjektiv + -er	Adjektiv + Umlaut + -er	Ausnahmen
hell – heller interessant – interessanter schnell – schneller langsam – langsamer schön – schöner	groß – größer kalt – kälter warm – wärmer kurz – kürzer lang – länger	gern – lieber gut – besser viel – mehr

> Istanbul ist größer als London.

6 Präpositionen

Temporale Präpositionen (Zeit): *am, um, im, vor, nach, seit, bis, von … bis*

am	Wochentag/Tagesabschnitt	am Montag, am Vormittag, ⚠ in der Nacht
um	Uhrzeit	um 8 Uhr, um halb 10, um 13 Uhr 30 Der Film beginnt um 20 Uhr.
im	Monat, Jahreszeit, Jahr	Im Juli ist es in Deutschland oft warm.
vor	• ❙	Es ist jetzt Viertel vor acht. Sie bringt vor der Arbeit die Kinder zur Kita.
nach	❙ •	Es ist zehn nach acht. Nach der Arbeit geht er einkaufen.
seit	• ⟶	Sie sind schon seit fünf Jahren in Frankfurt.
bis	⟶ •	Der Film geht bis 22 Uhr.
von … bis	• → •	Der Film geht von 20 Uhr bis 22 Uhr.

Lokale Präpositionen (Ort): *in, bei, nach, zu, aus, von*

in	Wo?	**In** Berlin gibt es viele Sehenswürdigkeiten.
bei		Ich bin **beim** Friseur.
nach	Wohin?	Ich fahre gern **nach** Berlin.
zu		Ich gehe **zum** Bahnhof.
aus	Woher?	Er kommt **aus** Italien.
von		Sie kommt heute spät **von** der Arbeit.

Präpositionen mit Dativ: *aus, bei, mit, nach, seit, von, zu, vor* (temporal)

aus: Ich gehe jeden Morgen um 8 Uhr aus dem Haus.

bei: Ich wohne bei meinen Eltern.

mit: Ich fahre mit dem Bus.

nach: Nach dem Deutschkurs möchte ich eine Arbeit suchen.

seit: Ich bin schon seit einem Jahr in Deutschland.

von: Von der Haltestelle muss ich noch 5 Minuten zu Fuß gehen.

zu: Ich fahre zur Sprachschule.

vor: Vor dem Deutschkurs gehe ich joggen.

bei de**m** = bei**m**   zu de**m** = zu**m**

von de**m** = vo**m**   zu de**r** = zu**r**

Präpositionen mit Akkusativ: *für, um, durch, ohne*

für: Sie brauchen für den Antrag einen Pass und ein Foto.

um: Man kann sehr gut um den Schluchsee wandern.

durch: Der Zug fährt durch den Tunnel.

ohne: Sie trinkt den Kaffee ohne Zucker.

⚠ *Ohne* verwendet man meistens ohne Artikel.

Grammatik im Überblick

Wechselpräpositionen mit Akkusativ und Dativ: *in, an, auf, hinter, vor, über, unter, neben, zwischen*

| in | an | auf | unter | über | vor | hinter | neben | zwischen |

Wohin? → Präpositionen mit Akkusativ		Wo? → Präpositionen mit Dativ	
in den Wald	in das = ins	im Wald	in dem = im
in das Restaurant	an das = ans	im Restaurant	an dem = am
in die Stadt		in der Stadt	
in die Geschäfte		in den Geschäften	

Sie geht in die Bäckerei.

In der Bäckerei sind viele Leute.

Der Bus fährt langsam an die Haltestelle.

Der Bus steht an der Haltestelle.

Sie gehen auf die Straße.

Auf der Straße fahren viele Autos.

Wir gehen unter den Baum.

Unter dem Baum steht eine Bank.

Wir gehen über den Platz.

Über dem Platz fliegen viele Vögel.

Wir stellen die Mülltonnen vor das Haus.

Die Mülltonnen stehen heute vor dem Haus.

Wir stellen unsere Fahrräder hinter das Café.

Hinter dem Café ist ein Hof.

Ich stelle den Kinderwagen neben die Tür.

Der Kinderwagen steht neben der Tür.

Verben mit Präpositionen

Sie warten schon zehn Minuten auf den Bus.

Er möchte gerne an einem Fortbildungskurs teilnehmen.

Ich interessiere mich sehr für Frauenfußball.

Eine Liste mit den Verben mit Präpositionen finden Sie im Kursbuch (Gesamtband) auf Seite 236.

Fragewörter und Pronomen bei Verben mit Präpositionen

Fragen nach Sachen

- **Wofür** interessierst du dich?
- Ich interessiere mich <u>für Frauenfußball</u>.
- Ah, dafür interessiere ich mich auch.

- **Woran** denkst du?
- <u>Ans Wochenende</u>.
- Daran denke ich noch nicht.

Das Fragewort besteht aus „wo"+ Präposition: wovon, womit, wofür …
Wenn die Präposition mit einem Vokal beginnt ergänzt man ein „r": worauf, worüber …

Fragen nach Personen

Wenn man nach Personen fragt, benutzt man die Präposition + Fragewort für Personen im Akkusativ: Über wen?, Für wen?, Auf wen? …
oder Dativ: Mit wem?, Von wem?, Zu wem? …

- **Über wen** sprecht ihr gerade?
- <u>Über die nette Nachbarin</u>.

- **Mit wem** bist du ins Kino gegangen?
- <u>Mit meiner Schwester</u>.

7 Wortbildung

Komposita

die Dame + der Mantel → der Damenmantel
der Sommer + das Kleid → das Sommerkleid

Das letzte Wort in Komposita bestimmt den Artikel.
Der Wortakzent ist (fast) immer auf dem ersten Wort.

> Ich suche Herrenschuhe und Geschenkartikel.

Das Datum – Ordinalzahlen

1–19 + ten
am 1. – am **ersten**
am 2. – am zwei**ten**
am 3. – am **dritten**
am 4. – am vier**ten**
am 5. – am fünf**ten**
am 6 – am sechs**ten**
am 7. – am **siebten**
am 8. – am ach**ten**
am 9. – am neun**ten**
am 10. – am zehn**ten**
am 16. – am sechzehn**ten**
am 19. – am neunzehn**ten**

20 + sten
am 20. – am zwanzig**sten**
am 21. – am einundzwanzig**sten**
am 22. – am zweiundzwanzig**sten**
am 30. – am dreißig**sten**

● Wann sind Sie geboren?
● Am 5.3.1987. (Am fünften Dritten neunzehnhundertsiebenundachtzig.)
● Welcher Tag ist heute?
● Heute ist der 3.10. (Heute ist der dritte Zehnte.)

8 Wörter im Satz

Sätze und W-Fragen

Das konjugierte Verb steht immer auf Position 2.

	Position 2	
Woher	kommen	Sie?
Ich	komme	aus Costa Rica.
Wie	heißt	Ihr Sohn?
Er	heißt	Lukas.
Was	sind	Sie von Beruf?
Ich	bin	Lehrerin.

	Position 2	
Am Wochenende	besuche	ich meine Freunde.
Ich	besuche	**am Wochenende** meine Freunde.
Dann	machen	wir eine Radtour.
Wir	machen	**dann** eine Radtour.

Ja/Nein-Fragen (Satzfragen)

Kommen	Sie aus München?
Haben	Sie morgen Zeit?
Möchtest	du einen Kaffee?
Kennt	ihr Berlin?

Satzklammer: Trennbare Verben, Modalverben und Perfekt

Trennbare Verben

Das konjugierte Verb steht auf Position 2, der andere Verbteil (Präfix, Infinitiv, Partizip) steht am Satzende.

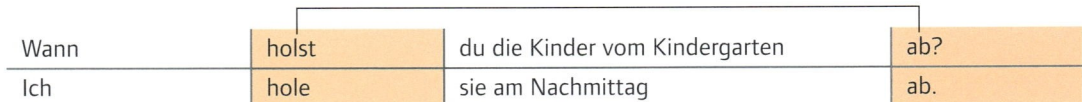

Wann	holst	du die Kinder vom Kindergarten	ab?
Ich	hole	sie am Nachmittag	ab.

Modalverben

Frau Stein	muss	am Morgen früh	aufstehen.
Frau Deck	will	am Wochenende nicht	arbeiten.

Perfekt

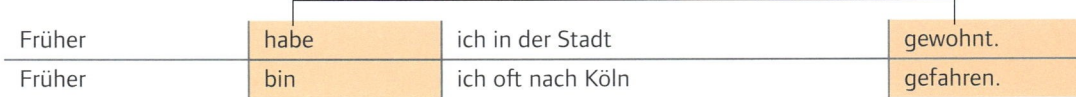

Früher	habe	ich in der Stadt	gewohnt.
Früher	bin	ich oft nach Köln	gefahren.

Ja - Nein - Doch

Hast du Zeit?	🙂 Ja, natürlich.
	🙁 Nein, leider nicht.
Hast du **keine** Zeit?	🙂 **Doch**, ich habe Zeit.
	🙁 Nein, ich habe keine Zeit.
Kommst du **nicht** mit?	🙂 **Doch**, ich komme mit.
	🙁 Nein, ich kann leider nicht mitkommen.

Vergleichssätze

≠   Komparativ + *als*

In Deutschland ist es im Sommer wärmer als im Winter.

=   *genauso* + Adjektiv + *wie*

In Lübeck regnet es genauso viel wie in Bremen.

Verneinung mit *nicht* oder *kein*

ein → *kein*	Ich habe **einen** Tisch / **ein** Sofa / **eine** Waschmaschine / Stühle.
	Ich habe **keinen** Tisch / **kein** Sofa / **keine** Waschmaschine / **keine** Stühle.
⚠ Auch *kein* bei:	Ich habe **kein** Geld / **keine** Zeit / **keine** Lust.
	Ich mag **keinen** Kaffee / **keinen** Käse.
Sonst immer *nicht*:	Heute kommt er. Morgen kommt er **nicht**.
	Sie isst gern Käse. Sie isst **nicht** gern Käse.
	Ich arbeite viel. Ich arbeite **nicht** viel.

Verben und Ergänzungen

Verben mit Nominativ und Akkusativ

Es gibt viele Verben mit Nominativ und Akkusativ: brauchen, sehen, nehmen, besichtigen, möchten, …

Verben mit Nominativ, Dativ und Akkusativ

Es gibt viele Verben mit Nominativ, Akkusativ und Dativ: bringen, schenken, holen, erklären, mitbringen, zeigen, geben …

Verben mit Nominativ und Dativ

Es gibt nur wenige Verben mit Nominativ und Dativ: danken, gehören, gefallen, …

Ein Verb mit Nominativ und Nominativ

Das — *ist* — ein Mantel.
Nominativ — *Nominativ*

Verben mit Präpositionen

Ich — *freue* — mich — auf das Wochenende.
Nominativ — *Ergänzung mit Präposition*

Satzverbindungen mit *aber – denn – und – oder*

	0	1	2	
Heute habe ich keine Zeit,	aber	morgen	komme	ich gerne.
Ich möchte ins Kino gehen,	denn	ich	möchte	den neuen James-Bond-Film sehen.
Heute sehen wir den James-Bond-Film	und	morgen	gehen	wir in die Disco.
Kommst du auch mit	oder		musst	du noch arbeiten?

Nebensätze

Im Nebensatz steht das konjugierte Verb immer am Ende. Trennbare Verben stehen zusammen am Satzende.

Nebensätze mit *weil*

Er findet das Internet praktisch,	weil	man viele Informationen	bekommt.
Sie findet das Internet nützlich,	weil	man viele Filme sehen	kann.

Nebensätze mit *dass*

Ich finde,	dass	es viele gute Fernsehsendungen	gibt.
Ich meine,	dass	Kinder im Fernsehen viel lernen	können.
Ich bin dagegen,	dass	Kinder viel	fernsehen.

Nebensätze mit *wenn*

Was machen Sie,	wenn	das Wetter schlecht	ist?
Ich sehe fern,	wenn	das Wetter schlecht	ist.

Nebensätze mit *damit*

Er macht einen Computerkurs,	damit	er bessere Chancen auf dem Arbeitsmarkt	hat.
Sie stellt den Wecker,	damit	sie nicht zu spät	kommt.

Indirekte Fragen

W-Frage	Weißt du,	**wo**	der Brief	**ist?**
	Weißt du,	**wann**	der Chef	**kommt?**

Ja/Nein-Frage	Können Sie mir sagen,	**ob**	die Stelle noch frei	**ist?**

Nebensatz vor Hauptsatz

Wenn	Maximilian sehr viel	**lernt,**	(dann) kann er ein sehr gutes Abitur bekommen.
Wenn	ich morgen Zeit	**habe,**	komme ich gerne.

Relativsätze

Ich suche ein Restaurant ,	**das**	in der Nähe vom Bahnhof	**liegt.**
Wo ist der Schlüssel ,	**den**	ich auf den Tisch	**gelegt habe.**
Es gibt ungefähr 600.000 Vereine ,	**in denen**	viele Menschen aktiv	**sind.**

Der Relativsatz steht immer in der Nähe vom Bezugswort. Manchmal auch mitten im Satz:

Die sozialen **Vereine**, **für die** sich viele Menschen engagieren, helfen Menschen.

Bezugswort   *Relativsatz*

Hier finden Sie alle Hörtexte, die nicht oder nicht vollständig im Arbeitsbuch abgedruckt sind oder die Sie nicht im Lösungsschlüssel finden.

8 Neue Chancen

3

- Guten Tag, Herr Gause.
- Guten Tag, Frau Speckowius. Nehmen Sie doch bitte Platz.
- Danke. Ich bin heute gekommen, weil ich mich über meine Berufschancen und Stellenangebote informieren möchte. Ich mache jetzt einen Computerkurs über neue Softwareprogramme. Der Kurs geht bis Februar.
- Haben Sie sich schon bei einer Firma beworben?
- Ja, bei Siemens, aber ich warte noch auf die Antwort. Haben Sie vielleicht noch andere Stellenangebote?
- Ja. Moment … Diese habe ich für Sie. Suchen Sie eine Vollzeitstelle?
- Nein, ich möchte in Teilzeit arbeiten.
- Dann kann ich Ihnen noch zwei Adressen geben.

14

- Berger-Institut, mein Name ist Kattwitz, guten Tag.
- Guten Tag, mein Name ist… Ich interessiere mich für den Computerkurs am Donnerstag.
- Es tut mir leid, der Kurs am Donnerstag ist schon voll. Können Sie auch am Dienstag?
- Ist am Dienstag nicht der Kurs für Anfänger? Ich möchte einen Kurs für Fortgeschrittene machen.
- Wir haben am Dienstag einen neuen Kurs für Fortgeschrittene.
- Dann möchte ich mich gern für diesen Kurs anmelden. Kann ich das telefonisch machen?
- Nein, das ist leider nicht möglich. Sie müssen bei uns vorbeikommen und ein Formular ausfüllen. Wir haben Montag bis Freitag von 16 bis 19 Uhr geöffnet.
- Gut, dann komme ich gleich vorbei. Danke schön.
- Gern geschehen.

16a

- Du, Sabina, bei den Kursangeboten gibt es noch einige Fehler, die müssen wir noch korrigieren.
- Ja, wo denn?
- Hier, der Computerkurs „Excel für Anfänger" beginnt am 3.5. um 19.30 Uhr und nicht um 18.30 Uhr. Der Tanzkurs „Wiener Walzer" beginnt am Dienstag, den 11.5. um 17.30 Uhr und nicht am Mittwoch. Und der Deutschkurs B2 beginnt am Donnerstag, den 13.5. um 9 Uhr und nicht um 8 Uhr.
- Okay, das habe ich jetzt korrigiert. Was …

16b

- Sprachinstitut Müller, mein Name ist Reiter, guten Tag.
- Guten Tag, mein Name ist Bielski. Ich interessiere mich für einen Englischkurs.
- Haben Sie bei uns schon einen Kurs gemacht?
- Nein, noch nicht. Ich habe privat Englisch gelernt.
- Dann müssen Sie bitte bei uns vorbeikommen und einen Test machen, damit wir den richtigen Kurs für Sie herausfinden.
- Ja, gern. Wann kann ich kommen?
- Unser Büro ist montags von 10 bis 12 Uhr und donnerstags nachmittags von 16 bis 18 Uhr geöffnet. Sie können jederzeit ohne Anmeldung vorbeikommen.
- Und wann fangen die neuen Kurse an?
- In drei Wochen, am 4.10., ist Kursanfang. Die Kurse dauern drei Monate.
- Gut, dann komme ich nächste Woche bei Ihnen vorbei. Ich danke für Ihre Informationen. Auf Wiederhören.
- Gern geschehen. Auf Wiederhören.

Wichtige Wörter 6

1

- Hallo Mario, was machst du denn hier an der Volkshochschule?
- Grüß dich, Carla, das kann ich dich auch fragen. Welchen Kurs machst du hier?
- Ich mache einen Yoga-Kurs. Weißt du, mein Berufsalltag ist sehr anstrengend und der Kurs ist für mich wirklich sehr entspannend. Danach fühle ich mich immer richtig gut. Der Kurs ist zweimal pro Woche. Und was machst du?
- Ich mache einen Gitarrenkurs. Gitarre spielen wollte ich schon immer und ich möchte gerne mehr über Musik lernen. Außerdem lernt mein Sohn jetzt auch Gitarre und dann kann ich mit ihm später vielleicht zusammen spielen.
- Ja, das ist eine gute Idee. Hast du nach dem Kurs noch etwas Zeit? Wir können noch zusammen

etwas trinken gehen. Vielleicht so um acht Uhr?

- Ja, gerne. Mein Kurs endet um 8 Uhr. Wir treffen uns dann wieder hier, okay?
- Okay, bis später.

2

- Warum machst du eigentlich einen Kochkurs, Jack? Du kannst doch so gut kochen. Deine Einladungen zum Essen sind für alle Gäste immer ein großes Erlebnis!
- Vielen Dank für das Kompliment, aber ich bin noch nicht zufrieden. Der Kochkurs gibt mir viele neue Ideen. Und wenn Gäste kommen, kann ich immer etwas Neues anbieten. Aber du machst doch im Moment auch einen Kurs am Abend, oder? Was lernst du denn, Michaela?
- Ich mache einen Malkurs.
- Einen Malkurs? Seit wann interessierst du dich für Kunst?
- Ja, das ist neu, dass ich mich für Kunst interessiere. Aber ich finde manchmal, dass ich zu wenig kreativ bin. Ich habe viele Hobbys, aber z. B. im Sport, da muss alles immer schnell gehen. Ich brauche auch ein Hobby mit etwas mehr Ruhe und Zeit, damit man nachdenken kann. Beim Malen kann ich mich gut entspannen. Das gefällt mir.

Gesund leben

4

1
- Gut, ein Rezept kann ich Ihnen jetzt noch nicht geben. Gehen Sie bitte noch einmal ins Wartezimmer. Meine Arzthelferin ruft Sie dann. Sie misst den Blutdruck und nimmt Blut ab. Das schicken wir dann ins Labor. Lassen Sie sich dann noch einen Termin geben für nächste Woche.
  - Okay, vielen Dank.

2
- Kommen Sie bitte herein! So, hat die Arzthelferin schon die Augen kontrolliert?
  - Ja, ich habe schon einen Sehtest gemacht.
- Ah ja, ich sehe es, gut. Die Brille hat sie auch schon kontrolliert und den Blutdruck gemessen, sehr gut. Ja, dann ist alles in Ordnung, die Brille passt noch gut. Der Blutdruck ist auch in Ordnung. Ich gebe Ihnen noch das Rezept, hier bitte. Dann auf Wiedersehen und alles Gute.
  - Danke. Auf Wiedersehen.

10

- Guten Tag, was kann ich für Sie tun?
- Ich habe starken Husten.
- Waren Sie schon beim Arzt?
- Nein, noch nicht. Können Sie mir Medikamente empfehlen?
- Ja, gerne. Diese Tabletten zum Beispiel sind sehr gut.
- Haben die Tabletten Nebenwirkungen?
- Eigentlich nicht. Man kann manchmal leichte Magenprobleme bekommen. Aber das ist sehr selten.
- Und wie oft muss ich die Tabletten einnehmen?
- Zweimal täglich, nach dem Frühstück und nach dem Abendessen.
- Gut. Vielen Dank, die nehme ich.
- Gerne, das macht 12 Euro 99.

11a

- Wir sprechen heute in unserer Sendung über die eigene Hausapotheke. Wir haben verschiedene Personen gefragt, was in ihrer Hausapotheke ist, welche Medikamente wichtig sind und was man sonst noch so machen kann, wenn man krank ist. Die erste Anruferin ist Frau Schneider. Frau Schneider, guten Tag.
- Guten Tag. Also ich finde Medikamente wichtig. Bei schweren Krankheiten können sie Leben retten. Aber bei leichten Krankheiten geht es auch ohne Medikamente. Wenn zum Beispiel meine Tochter Schnupfen hat, dann gebe ich ihr nicht sofort Medikamente, auch keine Nasentropfen. Ich mache dann eine heiße Hühnersuppe. Das hilft sehr gut. Und ist viel gesünder als die Medikamente.
- Vielen Dank und Guten Tag zu unserem Anrufer 2. Herr Tanager!
- Guten Tag. Wenn meine Kinder Fieber haben, dann messe ich natürlich erst einmal mit dem Fieberthermometer. Wenn es nicht mehr als 38 Grad sind, dann gebe ich keine Medikamente. Die Kinder bleiben im Bett und bekommen einen heißen Tee oder auch eine heiße Zitrone. Sie sollen dann viel Ruhe haben, meistens schlafen sie viel. Wenn es nach zwei Tagen nicht besser ist, dann gehe ich natürlich zum Arzt. Aber bis jetzt war das noch nicht nötig. Das Fieber ist dann immer schon wieder zurückgegangen.

14

- Was sind die wichtigsten Regeln, wenn man ein gesundes Leben führen möchte? Können Sie uns Ratschläge geben? Frau Nerval fangen Sie an?
- Ja, gern. Viele sagen, dass Kaffee nicht gut für die Gesundheit ist. Ich finde, das ist Quatsch. Jeden Tag eine Tasse Kaffee am Morgen ist wichtig, weil man dann einen guten Start in den Tag hat. Der Körper braucht außerdem genug Vitamine. Deshalb sollten Sie viel Obst und Gemüse essen.
- Danke. Herr Bruckstätter, was denken Sie?
- Ich finde nicht so wichtig, was man isst. Das Essen sollte aber nicht zu fett sein. Aber ob man Fleisch oder Fisch oder Milchprodukte isst, das ist doch egal. Viel wichtiger für die Gesundheit ist, dass man sich bewegt. Ich habe viel Stress bei der Arbeit. Deshalb gehe ich jede Woche dreimal in ein Fitnessstudio und trainiere meine Muskeln. Und am Wochenende jogge ich. So bleibe ich fit.
- Okay, welchen Ratschlag haben Sie für uns, Frau Mangelsdorff?
- Wichtig ist, dass man nicht zu viel Stress hat. In der Stadt ist das Leben sehr hektisch. Das ist stressig. Deshalb lebe ich lieber auf dem Land. Hier ist es ruhig und die Luft ist gesund. Dann bleibt auch der Körper gesund.

⑩ Arbeitssuche

3b+c

- Guten Tag, meine Damen und Herren, unser Thema heute ist: Bewerbungen. Wir haben Menschen gefragt, wie sie eine Arbeit suchen und wie sie eine Arbeit gefunden haben. Herr Sanders, wie war es bei Ihnen?
- Ich habe eine Ausbildung als Lkw-Fahrer, aber ich kann nicht mehr als Fahrer arbeiten, weil ich Probleme mit dem Rücken habe. Deshalb möchte ich mich um eine Stelle als Hausmeister bewerben. Ich habe noch keine Berufserfahrung, aber ich kann gut kleine Dinge reparieren und räume gerne auf. Auch im Garten arbeite ich gerne. Ich denke, ich kann die Arbeit gut machen. Ich habe in der Zeitung eine Anzeige gesehen. Ein Hotel sucht einen Hausmeister, das möchte ich probieren. Vielleicht habe ich ja Glück.
- Und Sie, Frau Yilmaz?
- Ich habe an der Universität Jena Deutsch studiert. Jetzt bin ich fertig und ich suche eine Stelle. Ich habe in der Universität einen Aushang gesehen, eine Sprachschule in Bielefeld sucht

Lehrer. Wenn ich dort eine Stelle bekomme, dann ziehe ich von Jena nach Bielefeld. Ich möchte sehr gerne als Lehrerin arbeiten. Ich habe noch nicht viel Berufserfahrung, ich habe nur zwei Praktika gemacht. Aber das hat mir gut gefallen. Ich hoffe, dass ich auch ohne Berufserfahrung in der Sprachschule eine Chance habe.
- Herr Steiner, wo arbeiten Sie und wie haben Sie Ihre Stelle gefunden?
- Ich arbeite im Restaurant von einem großen Hotel. Das ist oft ganz schön stressig, aber es macht mir Spaß. Die Stelle habe ich vor einem Jahr durch das Internet gefunden. Ich habe ein Angebot von einer Zeitarbeitsfirma gesehen. In der Stellenanzeige hat gestanden, dass eine Bedingung für die Stelle Berufserfahrung ist. Und vor einem Jahr hatte ich noch keine Berufserfahrung. Aber ich habe mich trotzdem beworben ... und ich habe die Stelle bekommen. Ich hatte Glück.

14

- Supermarkt Haas. Gaby Rossmann am Apparat. Was kann ich für Sie tun?
- Ich habe Ihren Aushang gesehen. Sie suchen Aushilfen für die Weihnachtszeit.
- Ja, wir suchen noch eine Aushilfe für den Nachmittag. Haben Sie da Zeit?
- Ja, das geht. Können Sie mir sagen, wie die Arbeitszeiten genau sind?
- Von 14 bis 18 Uhr. Haben Sie schon einmal in einem Supermarkt gearbeitet?
- Ja, schon einmal, als Aushilfe für drei Monate.
- Gut, können Sie morgen um 19 Uhr vorbeikommen?
- Gern. Können Sie mir bitte die Adresse sagen?

16

- Also, Herr Engström. Erzählen Sie doch bitte. Wo haben Sie bisher gearbeitet?
- Nach meiner Ausbildung im Hotel Elbufer habe ich ein Jahr im Hotelrestaurant gearbeitet. Dann habe ich im Restaurant „Vier Jahreszeiten" in Dresden angefangen. Die Arbeit war sehr interessant.
- Können Sie mir etwas über das Restaurant und die Gäste in dem Restaurant sagen?
- Das Restaurant „Vier Jahreszeiten" ist ein sehr gutes Restaurant mit Spezialitäten aus Frankreich. Die Gäste waren fast nur Touristen aus Deutschland oder aus anderen Ländern und ich musste oft auch Englisch sprechen.

- Welche Aufgaben hatten Sie?
- Neben den normalen Aufgaben in meinem Beruf, also Reservierungen, Bestellungen notieren und Essen und Getränke servieren habe ich die Gäste auch beraten, zum Beispiel über unsere Weine.

17

1 Wie lange haben Sie Deutsch gelernt?
2 Haben Sie eine Deutschprüfung gemacht?
3 Wie gut können Sie auf Deutsch schreiben?
4 Wo haben Sie in Deutschland schon gearbeitet?

Wichtige Wörter 6

- Die Person räumt gerne auf. Sie putzt auch gerne und macht immer alles sauber.
- Die Person hat eine Werkstatt und arbeitet gern mit Holz. Sie hat viele Ideen und arbeitet selbstständig.
- Die Person ist sehr müde. Sie arbeitet zu viel und braucht Schlaf und Ruhe.
- Die Person kann überall arbeiten: egal ob im Büro, am Strand oder zu Hause. Sie braucht nur einen Laptop und ein Handy.
- Diese Person möchte immer alles wissen. Er fragt viel und hört zu, wenn andere sprechen.

Von Ort zu Ort

2

- Guten Tag, meine Damen und Herren. Ich stehe hier am Hauptbahnhof von Bochum und mache Interviews mit Reisenden. Darf ich Sie kurz stören?
- Ja, bitte?
- Sie sind gerade mit dem ICE angekommen. Darf ich fragen, woher Sie kommen?
- Meine Frau und ich haben einen kleinen Urlaub in Berlin gemacht, vier Tage.
- Hat Ihnen die Reise gefallen?
- Ja, es war toll. Ich habe mich sehr gefreut, denn meine Eltern haben uns die Reise geschenkt. Wir haben viel gesehen. Wir waren im Reichstag und auf dem Potsdamer Platz und wir haben eine Stadtrundfahrt gemacht mit dem Bus und auch mit dem Schiff. Wir haben auch Museen besucht. Unser Hotel war sehr gemütlich. Abends haben wir immer im Restaurant gegessen. Wir wollen bald wieder nach Berlin fahren.
- Vielen Dank. Und Sie? Darf ich Sie auch fragen, woher Sie kommen?
- Ich komme gerade vom Flughafen in Frankfurt.

Ich war in Moskau in Russland. Das war eine Geschäftsreise, denn meine Firma hat viele Kontakte mit Russland. Ich selbst bin in Russland geboren und vor zwölf Jahren nach Deutschland gekommen. Meistens besuche ich meine Verwandten und dann gehen wir zusammen essen. Aber dieses Mal hatte ich zu wenig Zeit, ich habe meinen Bruder nur kurz am Flughafen getroffen. Die Reise war anstrengend und ich bin jetzt sehr müde, aber es war auch schön. Ich bin gerne in Moskau.

16

- Notrufzentrale. Ja, bitte?
- Guten Tag, mein Name ist … Ich habe eine Autopanne.
- Wo sind Sie genau?
- Ich bin auf der A5. Auf der Notrufsäule steht Kilometer 228.
- Wo steht Ihr Auto?
- Es steht direkt neben der Notrufsäule.
- Gut bleiben Sie, wo Sie sind. Der Pannendienst kommt in wenigen Minuten.

19

1 Kaufst du die Fahrkarten?
2 Wie lange wollen wir wegfahren?
3 Ich schlage vor, dass wir nach Salzburg fahren.
4 Ich buche die Unterkunft und du buchst die Fahrkarten.

Treffpunkte

6

- Wir sprechen in unserer Sendung heute über Vereine. Wir haben zwei Gäste eingeladen, die beide Vereinsmitglieder sind. Herr Meier, erzählen sie uns doch ein bisschen über Ihren Verein.
- In unserem Verein sind viele Mitglieder aktiv. Wir treffen uns das ganze Jahr, aber ab November sind wir besonders aktiv. Und natürlich dann im Januar und Februar, wenn Karneval ist. Es gibt verschiedene Gruppen in unserem Karnevalsverein: Wir haben Tanzgruppen für die Kinder und für die Erwachsenen eine Rock and Roll-Gruppe, eine Musikgruppe und eine Organisationsgruppe. Diese Gruppe bereitet dann die Sitzungen und den Umzug vor. Es ist viel Arbeit, aber es macht auch viel Spaß. Ich freue mich immer auf unser großes Fest im Februar.
- Und wie ist das in Ihrem Verein, Frau Kandinsky?

Hörtexte

- In meinem Verein gibt es auch viele verschiedene Gruppen. Ich kenne die meisten gar nicht. Ich gehe nur jede Woche einmal zur Gymnastik. Bei der Arbeit muss ich immer viel sitzen und habe oft Rückenschmerzen. Deshalb ist es ganz wichtig für mich, dass ich regelmäßig Sport mache. Diese Gruppe ist genau richtig für mich. Wir sind ungefähr fünfzehn Frauen und machen eine Stunde Gymnastik mit Musik, das macht mir Spaß und tut gut.

7b

- Wie viele Menschen leben in Deutschland?
- Deutschland hat ungefähr 82 Millionen Einwohner.
- Wie viele Menschen leben in Berlin?
- Berlin hat mehr als 3 400 000 Einwohner. Und natürlich haben wir viele Touristen. 2014 haben zum Beispiel 11 900 000 Menschen in Hotels in Berlin übernachtet.
- Und wie viele Fußballvereine gibt es in Deutschland?
- Ungefähr 25 000.
- Und wie viele Mitglieder haben die Fußballvereine in Deutschland?
- Die Fußballvereine in Deutschland haben 6 900 000 Mitglieder.
- Und wie viele Mädchen und Frauen sind Mitglieder in den Fußballvereinen?
- Wir haben mehr als eine Million Mädchen und Frauen in den Fußballvereinen.

16

- Bürgeramt Paderborn, mein Name ist Lange, guten Tag.
- Guten Tag, mein Name ist… Können Sie mir sagen, was ein Stand auf dem Straßenfest kostet?
- Tut mir leid, für die Standmiete bin ich nicht zuständig. Das macht meine Kollegin Frau Antes.
- Können Sie mich bitte verbinden?
- Ja gern. … Hallo? Hören Sie, Frau Antes spricht gerade, rufen Sie doch später noch einmal an.
- Wie ist die Durchwahl?
- Das ist die 255.
- 255. Vielen Dank, auf Wiederhören.
- Gern geschehen, auf Wiederhören.

⑬ Banken und Versicherungen

4

- Guten Tag, Koch ist mein Name. Ich habe einige Fragen zu einem Girokonto bei Ihnen.
- Ja gerne, womit kann ich helfen?
- Ich würde gerne wissen, wie viel so ein Konto kostet.
- Soll es ein Geschäftskonto oder ein Privatkonto sein?
- Das Konto soll ein Privatkonto sein, aber nicht für mich, sondern für Freunde, die bald von Russland nach Deutschland umziehen. Sie brauchen das Konto vor allem für Überweisungen von Russland nach Deutschland, aber zum Beispiel auch für die Miete, die sie hier in Deutschland bezahlen.
- Dann passt unser Angebot *Giro extra* sehr gut. Die Gebühr ist 4 Euro im Monat, man hat 30 Überweisungen pro Monat frei und die EC-Karte kostet nichts.
- Haben Sie einen Prospekt mit Ihren Angeboten für Girokonten?
- Natürlich, hier bitte.
- Vielen Dank für den Prospekt und Ihre Informationen. Dann kann ich meinen Freunden Bescheid geben. Wenn sie Ihre Angebote interessant finden, eröffnen sie das Konto sicher bei Ihrer Bank.

Wichtige Wörter 5a

- Entschuldigen Sie, können Sie mir helfen? Ich möchte gern 100 Euro an dem Geldautomaten abheben.
- Ja, natürlich. Zuerst müssen Sie Ihre EC-Karte in den Schlitz stecken. Dann geben Sie Ihre Geheimzahl ein und drücken „Bestätigen".
- Wo ist denn die Taste „Bestätigen"?
- Hier, die grüne Taste.
- Ah, ja.
- Dann wählen Sie den Betrag aus: 100 Euro. Jetzt müssen Sie Ihre Karte wieder entnehmen und da sind schon Ihre 100 Euro.
- Ach, das ist eigentlich ganz einfach.
- Ja, wenn man weiß, wie es geht! Wenn Sie noch mal Hilfe brauchen, melden Sie sich!

2

1 Ich freue mich schon sehr auf die Fußballsaison. Meine Freundin Pia und ich interessieren uns schon seit Jahren für Fußball. Wir haben auch selbst Fußball gespielt, jetzt haben wir leider keine Zeit mehr. Wir sehen uns aber oft Fußballspiele im Stadion an. Meistens gehen wir mit unseren Freunden zusammen hin, aber manchmal haben die keine Lust. Sie schauen sich auch gerne Fußball im Fernsehen an. Aber Pia und ich machen das nie. Das ist langweilig. Im Stadion, das ist etwas anderes. Da ist immer was los! Wenn wir gewinnen, dann gibt es eine große Party. Und wenn wir verlieren, na ja, dann diskutieren wir über das Spiel, aber wir ärgern uns meistens nicht lange.

2 Ich kenne Tim schon lange. Wir waren schon im Kindergarten zusammen und dann auch in der Schule. Wir haben schon oft gemeinsam Urlaub gemacht und viel gemeinsam erlebt. Ich weiß, ich kann mich immer auf ihn verlassen. Letzten Sommer hat sich meine Freundin von mir getrennt. Das war nicht so einfach für mich. Aber Tim hat mir geholfen. Wir haben viel über mich und meine Freundin gesprochen. Das war sehr wichtig für mich.

11

- Liebe Zuhörer, unser Thema ist heute Freundschaft. Wir haben einige Hörer gefragt, was für sie Freundschaft bedeutet. Als erstes sprechen wir heute mit Helga Schmidt. Frau Schmidt, erzählen Sie doch über Ihre Freunde und Freundinnen.
- Ja, gern. Also Hanne, Ingeborg und ich, wir sind jetzt siebzig und kennen uns schon seit mehr als sechzig Jahren. Wir waren schon zusammen in der Schule und haben viel zusammen erlebt. Wir kennen natürlich auch unsere Familien sehr gut.

Seit über 10 Jahren treffen wir uns regelmäßig in einem Café, das ist besser als zu Hause, dann haben wir keine Arbeit. Wir treffen uns einmal pro Woche, immer am Mittwochnachmittag um drei Uhr. Dann trinken wir zusammen Kaffee, essen Kuchen und reden gemütlich. Wir erzählen viel über unsere Kinder und Enkelkinder. Bei ihnen ist immer etwas los: sie gehen ins Ausland, haben einen neuen Job oder bekommen Kinder. Das ist immer interessant. Manchmal sprechen wir auch über Bücher oder wir gehen zusammen in ein Konzert oder in eine Ausstellung. Ich bin froh, dass ich Freundinnen habe, mit denen ich alles teilen kann.

- Vielen Dank Frau Schmidt. Unser nächster Anrufer ist einige Jahre jünger. Lukas, wer ist dein guter Freund oder deine gute Freundin?
- Ferhad ist ein echt guter Freund für mich. Letztes Jahr hatte ich zum Beispiel Stress in der Schule. Ich hatte keine Lust mehr, mir war alles egal. Meine Noten waren natürlich total schlecht. Besonders in Englisch und Deutsch. Na ja, und dann hat Ferhad mir die Meinung gesagt. Dass ich mich anstrengen muss, dass das Lernen wichtig ist und so weiter. Ich war erst ziemlich sauer. Ich wollte das nicht hören. Aber er hat nicht aufgehört. Ja und dann habe ich verstanden, er will mir nur helfen. Ich habe dann Nachhilfe genommen und Ferhad hat viel mit mir gelernt. Meine Noten sind jetzt besser und ich bin froh, dass Ferhad mit mir gesprochen hat. Er ist wirklich ein guter Freund. Wir sehen uns fast täglich, nicht nur in der Schule. Wir unternehmen auch viel zusammen am Nachmittag und am Wochenende. Wir interessieren uns für ähnliche Dinge: Wir lieben Musik und Sport. Wir spielen beide gern Fußball. Die anderen in der Klasse spielen auch oft Computerspiele, aber das mögen wir beide nicht so gerne. Ferhad ist oft bei mir zu Hause, er mag meine Familie. Am Samstagnachmittag sind wir oft bei meinen Großeltern, wir spielen mit ihnen Karten und trinken zusammen Kaffee.

Notizen

Notizen

Notizen

Cover Cornelsen Schulverlage / Hugo Herold Fotokunst – **S. 3** unten: Badge Apple-Store: Apple. Inc. – IP&Licensing; Badge Google App-Store: Google Ireland Ltd. – **S. 96** oben rechts: Clip Dealer / Robert Kneschke; unten rechts: Fotolia / contrastwerkstatt – **S. 98** oben: Shutterstock / Maria Sbytova; unten: Shutterstock / K3S – **S. 99** oben: Shutterstock / Milles Studio; unten: Fotolia / Petr Malyshev – **S. 103** 1: Clip Dealer / Dmitriy Shironosov; 2: Clip Dealer / Alexander Raths; 3: Fotolia / Monkey Business; 4: Fotolia / K.-P. Adler; 5: Fotolia / WavebreakmediaMicro; 6: Shutterstock / Nataliya Zinovyeva; oben: Shutterstock / Lukiyanova Natalia / frenta; Mitte: Clip Dealer / totalpics; unten: Shutterstock / Blend Images – **S. 106** 1: Fotolia / Ravil Sayfullin; 2: Clip Dealer / Robert Kneschke; 3: Fotolia / Rob; 4: Fotolia / WavebreakmediaMicro; 5: Shutterstock / wavebreakmedia; 6: Shutterstock / Syda Productions; 7: Fotolia / ARochau; 8: Shutterstock / Iakov Filimonov; 9: Fotolia / wellphoto – **S. 107** 10: Fotolia / maslovskiy.com; 11: Shutterstock / Alexander Raths; 12: Fotolia / Syda Productions; 13: Fotolia / pixelot; 14: Fotolia / ACP prod; 15: Clip Dealer / Robert Kneschke; 16: Shutterstock / Iakov Filimonov; 17: Shutterstock / wavebreakmedia; 18: Fotolia / shadow7777 – **S. 108** A: Fotolia / Monkey Business; B: Shutterstock / Syda Productions; C: Clip Dealer / Adam Gregor; D: Shutterstock / Kletr – **S. 109** 1: Shutterstock / Michal Kowalski; 2: Fotolia / CandyBox Images; 3: Fotolia / Alexander Raths – **S. 110** Shutterstock / Rocketclips, Inc. – **S. 111** oben: Clip Dealer / AndiPu; Mitte: Clip Dealer / Monkey Business Images; unten: Fotolia / goodluz – **S. 112** oben: Shutterstock / racorn; 1: Fotolia / Bjoern Wylezich; 2: Fotolia / euthymia; 3: Fotolia / Convisum; 4: Fotolia / red2000; 5: Fotolia / mick20 – **S. 113** oben links: Clip Dealer / Karl Allgäuer; oben Mitte: Fotolia / unpict; oben rechts: Fotolia / Xavier; Mitte links: Fotolia / rdnzl; Mitte: Clip Dealer / LianeM; Mitte rechts: Shutterstock / jeehyun; unten rechts: Fotolia / Günter Menzl – **S. 114** A: Fotolia / lenets_tan; B: Shutterstock / Sorbis; C: Fotolia / michaeljung – **S. 115** 1. Reihe links: Fotolia / euthymia; 1. Reihe rechts: Clip Dealer / OxfordSquare; 2. Reihe links: Clip Dealer / LianeM; 2. Reihe rechts: Clip Dealer / Volker Riechert; 3. Reihe links: Fotolia / kathrinm; 3. Reihe rechts: Clip Dealer / Birgit Reitz-Hofmann; 4. Reihe: Fotolia / cut; 5. Reihe: Shutterstock / Marina Grau – **S. 117** 1: Fotolia / euthymia; 2: Fotolia / red2000; 3: Fotolia / mick20; 4: Fotolia / Winai Tepsuttinun – **S. 120** Fotolia / DragonImages – **S. 121** 1: Fotolia / Astrid Gast; 2: Shutterstock / tolgaildun; 3: Fotolia / Syda Productions – **S. 122** Fotolia / VRD – **S. 123** Fotolia / WavebreakmediaMicro – **S. 124** Shutterstock / StockLite – **S. 125** Fotolia / WavebreakmediaMicro – **S. 130** 1: Fotolia / contrastwerkstatt; 2: Shutterstock / Anneka; 3: Colourbox.com; 4: Shutterstock / Crepesoles; 5 + 6: Fotolia / Peter Atkins; 7: Shutterstock / Blend Images; 8: Fotolia / BillionPhotos.com; 9: Colourbox.com; 10: Fotolia / Oksana Kuzmina; 11: Fotolia / Jeanette Dietl; 12: Shutterstock / wavebreakmedia; 13: Fotolia / Tyler Olson; 14: Shutterstock / wavebreakmedia; 15: Fotolia / Luckyboost; 16: Fotolia / Gina Sanders – **S. 131** 1 + 2: Clip Dealer / Sean Prior; 3 + 4: Fotolia / DoraZett; 5: Shutterstock / privilege; 6: Fotolia / Minerva Studio; 7: Fotolia / fotovika; 8: Shutterstock / Sunny Studio; 9: Fotolia / Roland W. Waniek; 10: Fotolia / Nadine Conrad; 11: Colourbox.com; 12: Fotolia / photographee.eu – **S. 132** links: Fotolia / Friedberg; 2. von links: Fotolia / chalabala.cz; 2. von rechts: Shutterstock / Monkey Business Images; rechts: Fotolia / flairimages – **S. 133** Shutterstock / Andrej_Popov – **S. 134** 1: Fotolia / soniccc; 2: Fotolia / Pixelheld; 3: Shutterstock / Jorg Hackemann; 4: Fotolia / T. Linack – **S. 135** links: Fotolia / by-studio; Mitte: Fotolia / frofoto; rechts: Fotolia / euthymia – **S. 137** oben: Fotolia / Hieronymus Ukkel; Mitte: Fotolia / Smileus; unten rechts: Fotolia / stylefoto24 – **S. 139** Nachbau des Internetauftritts unter http://www.bahn.de/p/view/angebot/regio/schoenes_wochenende_ticket.shtml?dbkanal_007=L01_S01_D001_KIN0001_top-navi-flyout-angebote-swt_LZ01 betrieben von DB Vertrieb GmbH, Stand September 2015; Shutterstock / Minerva Studio – **S. 144** oben: Fotolia / ARochau; Mitte: Fotolia / NataliTerr; unten: Adobe Stock / contrastwerkstatt – **S. 148** 1: Shutterstock / Pressmaster; 2: Fotolia / WavebreakmediaMicro; 3:

Fotolia / kichigin19; 4: Fotolia / contrastwerkstatt; 5: Shutterstock / arek_malang; Mitte: Fotolia / Daniel Ernst; unten: Shutterstock / project1photography – **S. 150** oben links: Shutterstock / Patrick Poendl; oben Mitte: Fotolia / matimix; oben rechts: Fotolia / maho; unten links: Shutterstock / holbox; unten Mitte: Shutterstock / Imran's Photography; unten rechts: Fotolia / Kzenon – **S. 152** Shutterstock / Brenda Carson – **S. 153** Shutterstock / wavebreakmedia – **S. 155** Shutterstock / Dmytro Zinkevych – **S. 158** 1: Shutterstock / Tracy Whitesid; 2: Fotolia / Ingo Bartussek; 3: Fotolia / olya6105; 4: Fotolia / ARochau; 5: Shutterstock / Patrick Poendl; 6: Fotolia / Christian Schwier; 7: Shutterstock / Terry W Ryder; 8: Shutterstock / anyaivanova; 9: Fotolia / Andrey Popov – **S. 159** 10: Fotolia / Rita Kochmarjova; 11: Shutterstock / racorn; 12: Fotolia / shotsstudio; 13: Fotolia / photographee.eu; 14: Shutterstock / Ivan Karpov; 15: Fotolia / matimix; 16: Shutterstock / Imran's Photography; 17: Fotolia / Petrik; 18: Fotolia / sylviebechle – **S. 160** oben: Fotolia / M. Schuppich; unten: Shutterstock / 360b – **S. 162** Shutterstock / Nicolette_Wollentin – **S. 163** Shutterstock / auremar – **S. 165** oben links: Clip Dealer / Achim Prill; oben rechts: Fotolia / euthymia; unten: Fotolia / Edler von Rabenstein – **S. 167** A: Fotolia / rdnzl; B: Fotolia / Photo SG; C: Fotolia / euthymia; D: Fotolia / i-picture; E: Fotolia / Piotr Pawinski; oben: Fotolia / BigLike Images; Mitte: Fotolia / George Wada; unten: Fotolia / Peter Atkins – **S. 171** 1: Fotolia / Lucky Dragon; 2: Fotolia / janvier; 3: Fotolia / gradt; 4: Fotolia / fotobenn; 5: Shutterstock / Luisa Leal Photography; 6: Fotolia / Michael Schepers; 7: Fotolia / Piotr Pawinski; 8: Fotolia / by-studio; 9: Fotolia / euthymia; 10: Fotolia / J.M.; 11: Clip Dealer/ c-ts; 12: Clip Dealer / Birgit Reitz-Hofmann – **S. 172** 1: Fotolia / mirpic; 2: Shutterstock / nenetus; 3: Shutterstock / loreanto; 4: Fotolia / JackF – **S. 173** oben: Shutterstock / Syda Productions; unten: Shutterstock / William Perugini – **S. 174** Fotolia / DW labs – **S. 175** oben: Fotolia / Aleksandr Doodko; 2. von oben: Fotolia / sakkmesterke; 2. von unten: Fotolia / michaeljung; unten: Fotolia / TonyRecena – **S. 177** 1: Shutterstock / Monkey Business Images; 2: Colourbox.com; 3: Fotolia / maxcam; 4: Clip Dealer / Monkey Business Images; 5: Clip Dealer / Petra Röder; 6: Fotolia / matimix – **S. 178** Cornelsen Schulverlage / Hugo Herold Fotokunst – **S. 179** Statista – **S. 182** 1: Fotolia / kuco; 2: Deutsche Bahn AG / Jet-Foto Kranert; 3: Shutterstock / Anton Gvozdikov; 4: Fotolia / contrastwerkstatt; 5: Fotolia / Anya Berkut; 6: Cornelsen Schulverlage / Björn Schumann; 7: Clip Dealer / Robert Kneschke; 8: Fotolia / Tyler Olson; 9: Shutterstock / Apollofoto; unten links: Fotolia / kuco; unten Mitte: Cornelsen Schulverlage / Hugo Herold Fotokunst; unten rechts: Fotolia / Anya Berkut – **S. 183** 10: Fotolia / Oksana Kuzmina; 11: Fotolia / .shock; 12: Fotolia / detailblick-foto; 13: Shutterstock / Oksana Kuzmina; 14: Cornelsen Schulverlage / Hugo Herold Fotokunst; 15: Fotolia / Rido; 16: Cornelsen Schulverlage / Hugo Herold Fotokunst; 17: Colourbox.com; 18: Fotolia / JackF – **S. 184** Fotolia / Peter Maszlen – **S. 186** oben: Fotolia / Monkey Business; unten: Fotolia / Syda Productions